乱世第一后

芈月的处世智慧

李雪　著

山东大学出版社

图书在版编目(CIP)数据

乱世第一后芈月的处世智慧/李雪著.—济南:山东大学出版社,2016.1

ISBN 978-7-5607-5399-7

Ⅰ.①乱… Ⅱ.①李… Ⅲ.①芈月—传记
Ⅳ.①K827=31

中国版本图书馆 CIP 数据核字(2015)第 281553 号

责任编辑:马银川
装帧设计:张 荔
内文插画:田紫渝

出版发行:山东大学出版社
社 址 山东省济南市山大南路 20 号
邮 编 250100
电 话 市场部(0531)88364466
经 销:山东省新华书店
印 刷:山东华鑫天成印刷有限公司
规 格:720 毫米×1000 毫米 1/16
13.5 印张 156 千字
版 次:2016 年 1 月第 1 版
印 次:2016 年 1 月第 1 次印刷
定 价:32.00 元

电视剧《芈月传》主要人物关系表

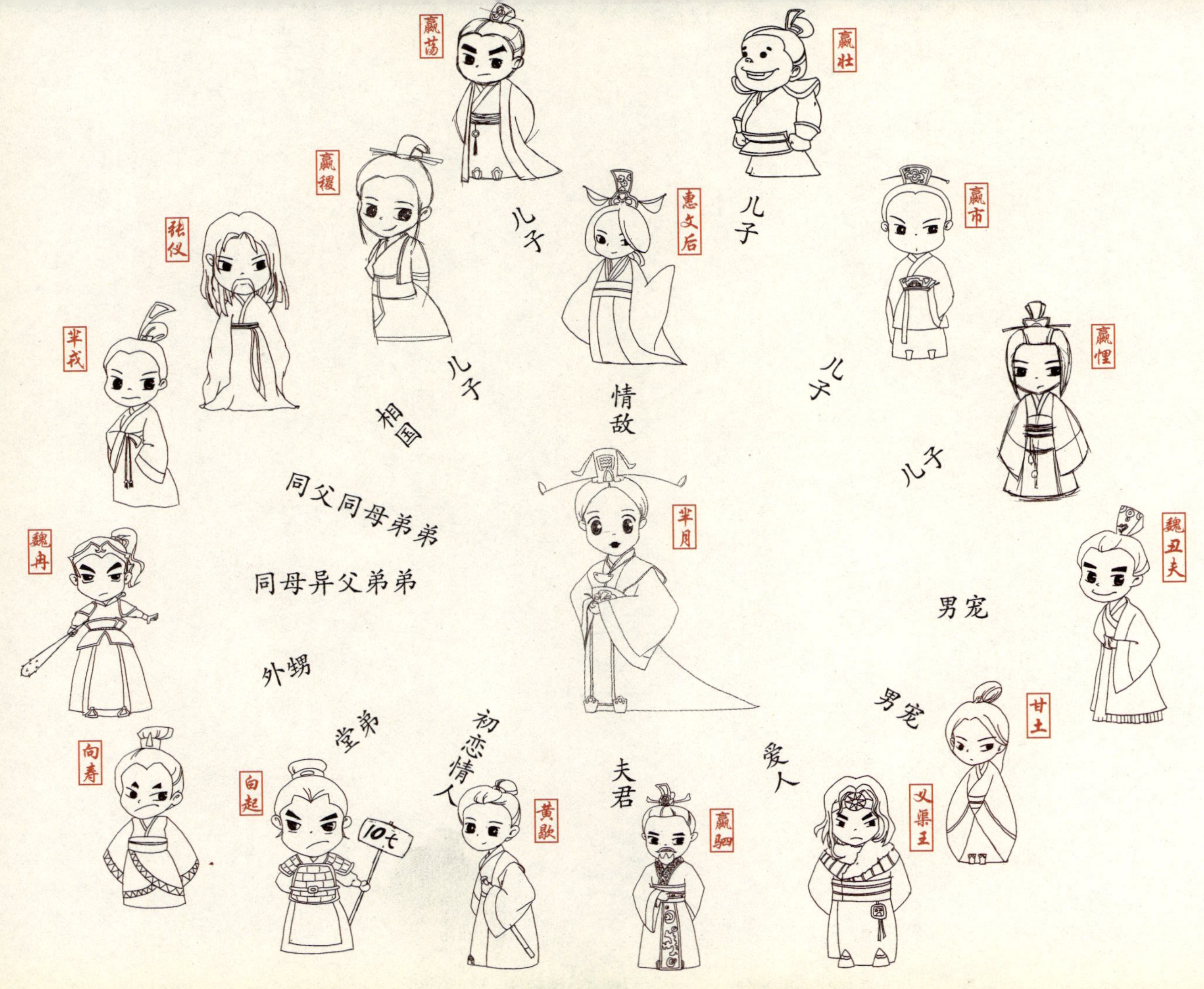

自序：女人，要活出自己想要的人生

女人，若真想活出精彩，活出自己想要的人生，必然要付出比男人多一倍，甚至几倍、几十倍的努力。你要给自己订立目标，且目标只能是往更好更高的方向发展，然后努力朝着这个目标一步一步地迈进，做一个有素质、有品味、有层次的女人，过上有品质、有档次的生活，这样才能活出一个特立独行的你。

在我国历史的长河中，不知孕育出了多少杰出的女人，她们如水晶般清亮透明，如鲜花般美艳动人，上天不仅赐予了她们横溢的才华，更给了她们施展的领地，使她们的芳名永载在史册上。

每一个时期，都有那个时期不可摆脱的难题，恰恰是这些女人，用她们超人的胆量、过人的智慧，绕过重重障碍，对准历史的聚光灯，洒下了一片又一片热血，创造出了一个又一个奇迹。

芈月：用心创造生活中的巧合

如果只能用两个字来形容秦国宣太后芈月的生存智慧的话，我想，非“用心”二字莫属了。

在芈月的一生之中，每一次转折，看似无意，实则有意，看似无心，实则有心。

本来只不过是求张仪带她到楚令尹府救她同母异父的弟弟魏冉，却不曾想到，一个千载难逢的机会——入秦为妃摆在她面前，她自然迅速地将其紧握手中，不仅得以以楚国公主的身份嫁入秦国，还凭借楚秦两国联姻之事成功救出魏冉，可谓是两全其美啊！

入秦之后，她遭到惠文后的嫉妒，被惠文后随便找了个借口关押起来。当时的芈月，并未能一睹自己的夫君秦惠文王的风采，她便借此机会“反客为主”，故意刁难惠文后，不仅滴水不进采取绝食的方式以示抗议，还以秦王妃的身份教训对她不敬的惠文后的贴身侍女，从而顺利引出秦惠文王。秦惠文王对她刚烈的性子非常欣赏，不仅将她从惠文后手中救出，更是对她宠爱有加。一夜之间，芈月成为整个秦后宫的焦点，后宫嫔妃个个对她是又嫉妒又羡慕又愤恨。

后宫女子不得干政是千古流传下来的国训，但是，总是会有些例外，绝大多数君王主政之时，身边总会有个能干的嫔妃从旁协助。芈月亦要做秦惠文王身边这样一个女子，故在与秦惠文王交好之时，她装作无意中聊起战国时局的样子，秦惠文王听罢她的独到见解之后不禁对她竖起了大拇指。从此以后，她顺利加入秦惠文王的“内阁”，成为了秦惠文王的得力助手。

在情感方面，芈月拿捏的“巧合度”也非常值得女性学习。

初遇义渠王翟骊，芈月一眼就看出他并非池中物。凭他的穿着，凭他说话的口气，凭他出剑的精准度，芈月就已判断出此人应该生于大漠，性子肯定很火爆、很霸道。对于此等男人，你若示弱，他并不会怜悯你，反而会看不起你；但如若你表现得很坚强、很果敢的话，他必然会对你刮目相看。所以，芈月在被义渠王俘虏之时，一直都表现得很勇猛，完全没有被义渠王的残暴行为吓倒，从而成功地吸引了义渠王的注意力，之后还一举攻心，让义渠王毕生都围着她转，助她打天下。

在此，有必要提一下陪芈月走完最后一段人生路的魏丑夫。虽然他不是什么英雄，也不是什么帝王，但是他还是得到了芈月的一片真情。

其实，魏丑夫被调到芈月身边侍候她时，并未对芈月有一丝丝非分之想，反而是芈月因他的细心和温柔而动了情。

但是那时的芈月已是高龄女妇，魏丑夫却正值青春年华，有着悸动之心的芈月为了得到魏丑夫，巧设单独相处的机会，漫谈自己过去的艰辛，讲得动情时，芈月哭得是梨花带雨，魏丑夫看着心痛不已，一时控制不住自己的情绪，轻轻地揽住了年事已高的芈月。就这样，芈月成功地将魏丑夫纳入自己的帷帐之内，终于找到了一个愿意与自己携手老去的男子。

世界上并没有太多的巧合，很多巧合都是人为创造的。身为女人，要想在大千世界里站稳脚跟立好足，就一定要学会巧用心、用巧心，用心创造一些机缘，使自己能够脱颖而出，活出真我的风采，活出自我的精彩。

女人，就要活出自己想要的人生

芈月，她用心创造生活，最终得以把持秦国朝政近40年，甚至还左右着整个战国时局的发展。

甄嬛，她或许并不是真实存在的，是经过后人加工改造而成的，但她始终还是有其原型存在的，即孝圣宪皇后钮祜禄氏熹妃。不管是甄嬛，还是钮祜禄氏熹妃，她们都选择了离成功最近的路来走，因此也最快地抓住了成功。

武则天，她一直都拒绝平庸，誓要闯出一番大事业来。身为唐太宗的一个才人，眼看着唐太宗就要“日落西山”了，她便将目标转向唐太宗的儿子李治。她不仅要深入他的内心，更要全力以赴地助他拿下新王的宝座，然后自己再一步一个脚印地登上皇后的宝座，最后跟唐高宗并成为“二圣”，之后更野心勃勃地称帝，成为我国历史上第一位女皇帝，真可谓是步步为营啊！

女人就要像芈月那样，活出自己想要的人生，活出自己想要的精彩。

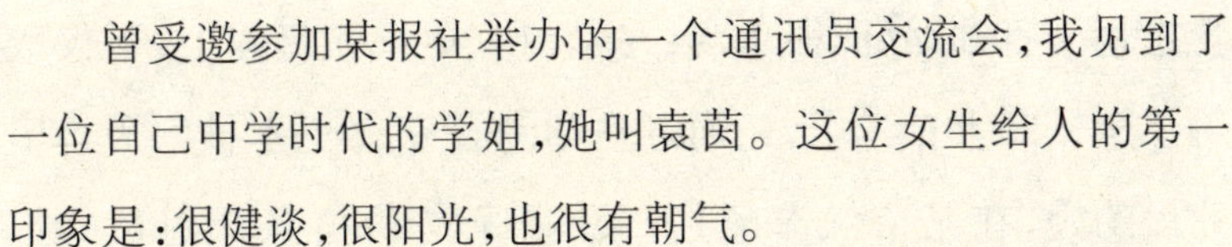

曾受邀参加某报社举办的一个通讯员交流会，我见到了一位自己中学时代的学姐，她叫袁茵。这位女生给人的第一印象是：很健谈，很阳光，也很有朝气。

如果你未曾见到过她本人，只是在报纸杂志上读她的文章、看她写的专栏，要在脑海中勾勒出她的影像，那必定是一个迷人的少女。

如果你也不了解她的出身和她的生活背景，那么你一定会很羡慕她，觉得她是一个很有灵气也很幸运的人，因为她年纪轻轻就能够在报纸上开专栏，年纪轻轻就能够得到市妇联的倾情帮助，且还开通了该市首个面向全国的个人公益热线“袁茵热线”。

可是，当你看到她的那一刹那，你会觉得很好奇：这个女孩子，她健谈的背后是不是藏着凝重的忧伤？她阳光灿烂的背后是不是埋着深重的痛苦？她朝气蓬勃的背后又是不是有着深深的无奈呢？

因为她行动不便，一生都要在轮椅上度过。或许人们会因为她残缺的身体而同情她，会因为她的行动不便而对她格外照顾，但是若然她没有一点真本事，没有灵气又没有才华的话，又怎么会得到上天的眷顾，抓住市妇联和柳州日报社给予的大好良机呢？

袁茵只不过出生在某市一个普普通通的工人家庭里，幼年时很不幸地患上了小儿麻痹症而导致终身不能行走。不过在她看来，她算是幸运的，因为她从小就生活在父母和两个哥哥的无限关爱之中，所以她的性格一直都很开朗，精神状态也一直都很好、很乐观，在学习上更是积极向上，不仅取得了全日制大专学历，还通过自学考试获得了本科学历。毕业后的她，在某市汽车配件厂获得了一份信息计划员的工作，有稳定的收入，这大大减轻了家里的负担，起码她能养活自己，不靠父母兄长，更不靠政府。

尽管袁茵身体上存在着大大的残缺，给她的日常生活带来了一定的困难，但是她并没有因此而失去自我的本真，失去对美好生活的追求和向往。她心中一直都有着一个看似这辈子也无法实现的梦想，那就是“跳舞”。一个四肢健全的人都未必能够“翩翩起舞”，更何况她一个长期生活在轮椅之上的“残疾人”？可是她却想，别人用脚跳舞，那我可不可以用心用手去跳舞呢？我的双脚站不起来，但是我的心每时每刻都在跳动着，我的双手还很健全、很灵活啊！就是在这样的想法的推动下，袁茵选择了用心和用手去“跳舞”，即用阅读和写字的方式去“跳舞”。20 多年来，她不仅在轮椅上完成了学业，看了很多各种各样的励志书籍，同时还创作了多部长篇小说。

别以为作家容易做，那些身体健全的作家已然觉得长期写作是一件很疲累的事了，更何况是一个无法行动的身有残疾的“坐家”。“文学之路对我而言很难行，一部小说从初稿到定稿，我常常需要写上百万字，同时行动的不便又给我查阅资料带来了很多困难。记得当我满怀希望地将处女作寄到出版社后，却接到了退稿通知！”袁茵看着饱含心血的作品没得到出版社的青睐，心情自然是差到了极点，不过一向乐观的她并未被一次退稿击败，她想，上天已经残忍地把她健全的身体夺去了，不会再忍心让她一直处于失败的境地，这一次没有成功，不代表下一次她还会失败，她一定要坚持下去，一定要不停地写下去，她相信有一天自己的文字一定会变成铅字，变成一本厚厚的书籍。之后，在她的不断努力下，她真的成功了，出版了一本又一本长篇小说，中短篇小说也一篇接一篇地在全国各大报刊上刊登，文学青年“袁茵”的名号开始在市文化圈、省文化圈里传播……

袁茵声名在外，除了因为她的作家身份和骄人的文学创作成绩之外，还因为她的善心和善举。她长年将自己业余时间的一部分用于帮助别人。多年来，她一直坚持为中小学生辅导功课和传授学习方法，以青年志愿者身份参加“爱心一帮一结对子”活动，之后还开通了“袁茵热线”，每晚 8 点到 10 点接听一些需要提供心理帮助的熟悉的或是陌生的朋友的电话，跟他们聊聊天，开解开解他们，鼓励鼓励他们。

“在我小时候，很多人用无私的爱和真诚的关怀支撑起我残缺的身体。我能走到今天，与这些善良的人密不可分。”所以，她也尽自己的微薄之力去帮助一些需要帮助的人。“我是不幸的，注定要和轮椅相伴一生。但我也很幸运，在比常人视线低50厘米的轮椅上,我看到了不一样的风景。"袁茵不仅看到了不一样的风景,也用自己坚强的意志,用自己辛勤的汗水,画出了一道又一道亮丽的风景线:她获得了"中国青年五四奖章"、第二届全国助人为乐道德模范提名奖、全国"巾帼建功标兵"、广西青年"五四奖章"、感动柳州"十大人物"等荣誉,被誉为"张海迪式"的龙城女孩。

袁茵真的很不幸,残缺的身体带给了她一生的伤痛;但同时她又是幸运的,家人给予了她无私的爱,社会给予了她无限的帮助;而她自己,身残志不残,自强自立,用一段段文字和一条条热线去帮助那些陷入困境的人重塑生活的信心和勇气。她顽强拼搏、助人为乐的精神和故事感动了全国人民。

幸与不幸,对袁茵来说都不重要,重要的是,她平凡的出身和残缺的身体并没有成为她实现梦想的绊脚石,相反,她找到了另一种"跳舞"的方式,活出了别样的精彩,活出了自己想要的人生,成为人们争相学习的榜样。

注重生命的长度,不能忽略生命的亮度

绝大多数人都很注重生命的长度,而却忽略了生命的亮度,尤其是女人。

女人最大的悲哀莫过于失去自我了。除了家庭和事业,除了丈夫和孩子外,女人还应该有自己的世界,有自己的人生,有自己的个人生活。爱家、爱孩子、爱另一半并不是说不可以,但不能爱得失去了自我,爱得没有了真我的风采。

女人要自我一些，活得精彩一些，生活才能更丰富一些。而当下的精彩或是未来的精彩，都是由无数个努力的过程所累积而成的。

身为女人，不仅要注重生命的长度，更要注重生命的亮度，要让自己能够发光发热，在天空中划出最绚烂的一条彩虹。

人生在世，只不过短短数十年，不要去在意什么悲苦，什么艰难，什么挫折，让它们统统都随风而去吧，换个态度对待生活，用积极的人生态度去改变简单的生活，用坚强和执着为自己开辟另一片天地，充分展示自我的个性和风采，展示自我的卓越才能和绚丽生活，将自己最精彩的一面展现出来，人生才不会留有遗憾，生命才会绽放出最美、最绚烂的花朵。

我们虽然不能左右天气，但可以改变自己的心情；虽然不能改变自己的容貌，但是却可以调整自己的笑容；虽然不能控制他人，但是却可以把握自己。在漫长的人生旅途中，我们不可能样样都顺利，却可以事事尽力而为。

只要我们尽力了，只要我们抗争了，就一定能活出精彩，活出不一样的人生。

芈月

目录

智慧一：做个内心强大的女人

智慧二：做个从容自信的女人

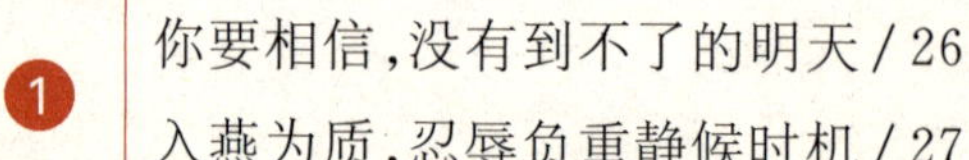

智慧三：做个聪明睿智的女人

智慧四：做个坚强独立的女人

智慧五：做个幸福快乐的女人

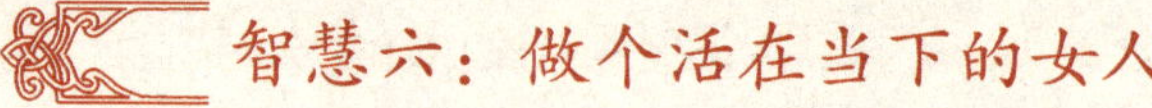

智慧六：做个活在当下的女人

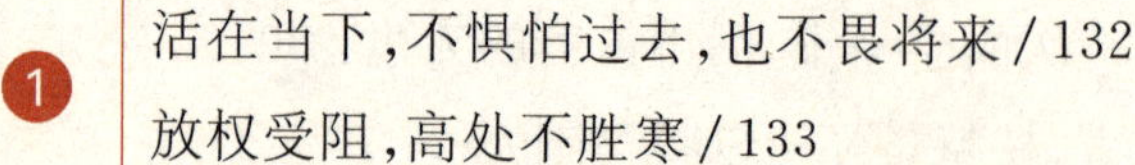

智慧七：做个超越自我的女人

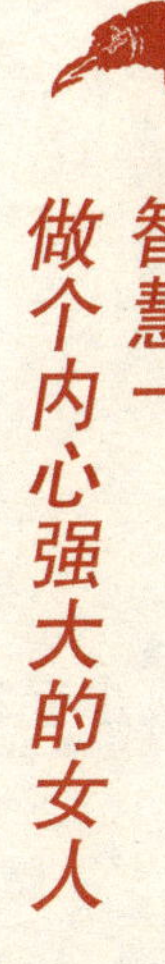

智慧一：做个内心强大的女人

芈月说：「我芈月前半生都靠在男人身上，这剩下的日子不靠也罢，我自己的命运我自己做主。」

内心强大，是一种心理素质，一种人生胸怀，一种人性潜力，它的人生目标清晰，对未来充满了希望。正因为清晰，所以可以坚定不移地朝着既定目标前进，即使遭遇困难与挫折，即使碰上泥泞与坎坷，也能大踏步地跨过去。

女人的身体是娇嫩的，女人的肩膀是柔弱的，女人的内心是敏感的，或许，女人真的有很多很多的理由去得到他人的帮助和关爱，然而任何外来的力量都远不如自己的内心强大来得更直接、更真实，也更有效。

一个拥有强大内心的女人，可以战胜一切恐惧和悲观，不苦闷，不失落，不空虚，反而更平和，更豁达，更宽容。

一个拥有强大内心的女人，不会在乎外界的压力有多大，不会在乎什么样的人在自己的生命中来了又去，去了又来。

一个拥有强大内心的女人，人生路上的任何难关和沟坎都不会成为她前行的绊脚石，反而会成为她前进的助推力。

在未来的时光里，我们都努力把自己塑造成为一个内心强大的女人吧！我坚信，内心强大的女人一定会“嫁给”幸福，一定会拥有一个美好的未来。

1

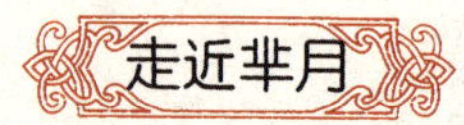

做一只展翅翱翔的雄鹰，飞翔出一段最美的弧线

她，就像是一只强壮的“雄鹰”，一股劲儿地伸展着翅膀敏捷地翱翔于战国时期广袤无垠的天空中，充分展示着她那独有的“雄姿”，飞翔出了一段最美的人生弧线。

她，就是秦国宣太后芈月，中国历史上第一位女政治家，她的雄才与伟略，她的智慧与胆识，她的胸襟与手段，她的霸道与刚毅，使她得以站在权力的最巅峰左右着战国的纷乱时局长达四十年。

芈月的父亲是战国时期的楚威王，她也曾备受楚威王的宠爱，但楚威王死后，她与母亲向氏就被楚威后逐出了王宫，过着颠沛流离的生活。几经辗转，最后她们在楚都郊外一个叫作“云梦泽”的乡野之地定了居，而芈月自那以后便终日与一群采茶女为伍。

尽管芈月身为王族之后，身体里流淌着王族的血液，但是人走茶凉，从她被赶出皇宫的那一刻起，她就不再是什么楚国公主，不再受到什么优待。她扎根在云梦泽之后，就变成了一个

"乡野丫头"，一个专干粗活的"采茶女"，再无高贵的身份。

可是，那又如何？身为没落王族之后的芈月，虽然出身的确无法许给她一个美好的未来，但是她善于与命运抗争，勇于向传统发出挑战，敢在非常时期采取非常手段以达到非常目的，而最终创造了一个又一个人们无法企及的奇迹，书写了一个又一个不朽的历史传奇，成为我国历史上第一位被称为"太后"的奇女子。

芈月的故事

手持利剑扫清障碍，铺就帝王路

秦武王嬴荡举鼎而死，秦国徘徊在历史的十字路口。向来都想展翅高飞，自由自在地翱翔于天际的芈月把握住了这个好时机，带着在燕国做人质的爱儿嬴稷在燕赵两国的护送之下回秦，以兄终弟及的名义争取到部分大臣的支持欲拥立嬴稷为秦国的新王，然而却遭到了以惠文后为首的支持拥立嬴荡之同母弟弟嬴壮的王公贵族的极力反对。不过芈月并未退缩，反而在这非常时期，采取了一种非常手段——手持利剑直刺进"反对派"的心脏。

那日，一群秦国的老世族宗亲，直捣芈月的住处，责骂芈月不该拥立还未成年的嬴稷为新王。他们认为新王的人选，应该由惠文后跟文武百官商量，选一个已然成年的公子来继位。

芈月当然知道这些老世族宗亲葫芦里卖什么药了，这新王的人选由惠文后参与商讨的话，那自然会是嬴壮得以推举了。芈月要想成功将嬴稷推上王位，就必然要让这些老世族宗亲闭嘴。故芈月敛衣拍案而起，大声地呵斥和威胁这群老世族宗亲，如果谁再反对嬴稷荣登新王宝座，谁便会死无葬身之地！

芈月的话确实瞬间便吓倒了这群老世族宗亲，但片刻之后，又有不怕死的老宗亲出来发难了：“难不成你要把我们所有的宗亲都杀光吗？难不成你要你儿踩踏着无数人的尸体登上宝座？”

此宗亲的话音一落，立刻引起了其他宗亲的附和，他们仗着自己是大秦的公室世族，谅芈月也不敢对他们怎么样，故你一句我一句地对芈月的粗暴和无礼进行指责，明确表示不予让芈月这个楚国女子和她的儿子嬴稷把持大秦的朝政。

既然老世族宗亲们不受芈月的威胁，芈月也不便多说，淡定地让侍女端来茶具独自饮茶，默默地听这群老宗亲叫嚣。

宗亲们以为占了上风，可谁知，芈月心中早已设计好了一盘棋。她早已暗中派人将她的一个得力助手——在秦国身居要职的同父同母的弟弟芈戎给请来了。

芈戎到来之后，即刻便以“借一步说话”为由把老世族宗亲们引到一个偏殿里，然后不由分说地便把这群自以为是的老匹夫杀掉了。

公元前 306 年，在芈月的大力扶持之下，嬴稷顺利登基为秦国的新王，史称“秦昭襄王”，而芈月也成为历史上第一位“垂帘听政”的“太后”，说是辅佐秦昭襄王，实际上她才是秦国的主事者，把持着大秦的朝政大半辈子。

然而，惠文后却不服，煽动一些王公贵族欲拥嬴壮为新王。天无二日，国无二主，惠文后的举动无异于反叛，芈月正好借此机会再开杀戒以肃清惠文后的残余势力。经过长达三年的奋勇抗争，芈月终于平定了这场史称“季君之乱”的王位争夺战。

之后，为绝后患，稳固秦昭襄王的王位，她亲自给时时处处都与她针锋相对的惠文后赐了一杯毒酒，从此之后，秦国的前朝和后宫再无人与她抗衡，正如她所说的：“那天高云阔，逍遥自在，整个大漠任我驰骋。”

半月生存智慧：每个女人都应该飞翔起来

小鹰被母鹰悉心哺育了一段时间后，就会被母鹰从高高的岩石上推下，让它们学会展翅，学会高飞，学会自由，学会独立。最初，小鹰扇动翅膀飞起来是出于本能的自我保护和挣扎，之后便慢慢变成了高空翱翔的超强能力。

美国作家爱默森曾说过："我们的生命是什么？不过是长着翅膀的事实或事件的无穷的飞翔。"

每个女人都应该飞翔起来，每个女人也都拥有飞翔的翅膀和能力。

不要害怕荆棘的刺扎，不经历痛苦怎能获得欢乐？

不要害怕挫折的考验，不经历失败怎能拥抱成功？

不要害怕艰难的历程，不经历风雨怎能见彩虹？

壮丽的青春，精彩的人生，并不是一场梦，只要你拥有高飞的梦想，敢于展翅高飞，终有一天会守得云开见月明，得到你想要得到的，拥有别人所不曾拥有的。

活出半月的风采：伊丽莎白一世，开创"英国黄金时代"

伊丽莎白一世，曾任英格兰和爱尔兰女王，她是都铎王朝的第五位同时也是最后一位君主，是名义上的英国女王。

伊丽莎白一世生于皇族，父亲为亨利八世，但因母亲插足了父亲跟第一任王后的婚姻而一出生便遭人嫌弃，且被视为"私生女"。3 岁的时候又失去了母亲的庇护，一个人在险象环生的宫廷里如履薄冰地生存着。

尽管如此，伊丽莎白自小便受到了很好的古典、历史、数学、诗歌和语言的教育，她的老师是英国文艺复兴时期著名的人文主义者罗杰·阿斯坎。她不仅可以说，而且还可以写英语、法语、意大利语、西班牙语、拉丁语和希腊语等六种语言，这为她日后更好地统治英国奠定了良好的基础。

王位的承继向来都是实力的博弈。年幼的伊丽莎白自一出世便时刻承受着身份备受质疑的压力。她为了保住自己的性命，为了实现自己展翅高飞的梦想而苦苦地挣扎着、小心地谋划着、谨慎地周旋着，这不仅锤炼了她的意志，锻炼了她的胆识，更磨砺出了她过人的智慧和强硬的手段。她先是击败了“九日女王”简格雷，使同父异母的姐姐玛丽斯图亚特登上了王位，成为“玛丽一世”。玛丽一世一直都很憎恨伊丽莎白，一是因为伊丽莎白的母亲抢走了她母亲王后的宝座，二是若她无子嗣的话，伊丽莎白将是她的合法继承人，故一直对她进行打压，找各种理由和借口对她施以毒手，而伊丽莎白一次又一次地成功逃过了，最终于1559年1月15日在威斯敏斯特教堂被加冕为女王。

伊丽莎白一世继位之初，英国是一个分崩离析的“落日”帝国，一个军事与政治、经济都逐渐走向衰弱和瓦解的松散组织——英联邦。所以，当伊丽莎白一世戴上王冠君临天下之时，为巩固自己的女王地位，为实现英国长期稳定的发展，她采取了一系列措施：在政治上先努力保持前殖民地与英国的特殊关系，然后努力恢复英国的国教，使国教并入新教的行列之中而脱离罗马教廷取得独立；在经济上，采取一系列重大措施发展资本主义商业经济，保证英国的资本原始积累得以顺利进行；在外交上，还撤销了与西班牙的联盟关系，击败西班牙的“无敌舰队”，初步确立了英国的海上霸权；在文化上，伊丽莎白执政时期，使英国文艺复兴运动达到了最高峰，文学尤其是诗歌和话剧进入了一个黄金时代，为后来大英帝国的建立奠定了坚实的基础。

英国在伊丽莎白一世近半个世纪的执政领导之下，逐渐进入了黄金时代，成为了世界上最为富强的国家，而她也于2002年被英国媒体BBC评选为英国最伟大的人物一百名中的第七名。

“雄鹰”展翅，翱翔天际，在历史的天空中，伊丽莎白一世与芈月均划出了自己最美的弧线。

2

走近芈月

面对困境沉着应对，让“危机”变成“契机”

芈月的一生，时时处处都充满着危机。

不管是在云梦泽与采茶女边高歌边采茶，还是在咸阳宫里边磨墨边侍候秦惠文王批阅奏折，她的身边都隐藏着无数的危机。

在云梦泽居住的日子，她同母异父的弟弟魏冉时常会惹些麻烦回来，让她去善后。比如，今日跟张家的公子发生口角了，明日又跟王家的公子发生拳头之战了。这不，那一日，魏冉还在擂台上把楚国高官楚令尹昭阳的侄儿给活活地打死了。

这场危机不仅可以要了魏冉的命，如果芈月执意要救被楚令尹关押的魏冉的话，甚至连她自己的命都有可能保不住。

面对如此大的危机，芈月不急不躁、不卑不亢，竟然想到了借助秦相国张仪来楚国谈联姻之事这场“东风”，自愿以楚国公主的身份嫁给秦惠文王，而求得楚怀王出面帮她从楚令尹手上救回魏冉，成功地将这场大“危机”转为了大“契机”。

若不是芈月懂得如此巧妙地化解危机，从一个采茶女摇身变成了大秦王妃，日后又怎么能够坐拥大秦国权那么多年呢？

同样一个机会，在有的人眼里是危机，而在有的人眼里则是契机，很多好的机会总是伴随着危机而出现的。我们以积极的心态去看待危机，沉着冷静地做好应对之策，必然能变危机为契机，变压力为动力，开拓出一片新的天地。

正如美国普林斯顿大学教授奥古斯丁所说的：“每一次危机本身，既包含导致失败的根源，也孕育着成功的种子。发现、培育，以便收获这个潜在的成功机会，就是危机管理的精髓。”

芈月的故事

沉着应对列国动荡，联楚弱楚强秦

不利的形势在公元前 304 年进一步显现，各诸侯国均遭受到了一次前所未有的“寒冬”。

楚国大举进攻韩国，韩国苦守多日，终究还是招架不了，故急忙派使者前往秦国游说秦昭襄王嬴稷出兵阻止楚国。

秦昭襄王的妻子叶阳乃是楚怀王的孙女，他一直以来都把叶阳的母国楚国当成是自己的第二母国，心中的天平自然会偏向楚国，断不会出兵救韩国。身为太后的芈月虽然也赞同嬴稷的决定，但并不是因为自己身为楚女而对楚国有所眷恋，而是她心中另有谋略，她要将这场韩国的“危机”化为大秦扩张的“契机”。

芈月认为，若秦国不出兵阻止楚国伐韩的话，那么韩国便会处于危急关头，到时与之交好的齐国必会出兵为其解困，同时还会将矛头指向秦国，秦国便岌岌可危了。她不能让这等事情发生，故悄悄地在心底设计了一盘大棋，等时机一到便主动出击，转危为安。

公元前 304 年初秋，芈月和嬴稷在楚国的黄棘与楚国签订了黄棘之盟，将秦国之前所占领的楚国上庸归还给楚国。此举激怒了齐宣王，他当即下令发兵 15 万攻打楚国，韩、魏也加入了这场讨伐之战中，三国大军兵分三路从三个方向向楚国发起了极为猛烈的进攻。

楚国顿时乱了方寸，多座城池被三军夺走，楚怀王急忙派使者去向秦国求助，可是芈月却一口回绝了楚国的要求，她之前在黄棘联楚的根本目的在于弱楚，她怎么会那么着急出兵去救楚国呢？她要待齐、魏、韩、楚四国再打几个回合，楚国实在熬不住了，在给予秦国一些好处以求援助之时，秦国再采取迂回战术出兵攻打韩国和魏国以为楚国解困，这样必能轻松地扩展疆土。

战局果然如她所料。公元前 304 年末，楚国太子熊横被送到秦国做人质，芈月这才号令秦国大军兵分两路去攻打魏国和韩国，不仅成功解除了楚国的危机，同时还大大削弱了韩、魏两国的实力而增强了秦国的实力。

芈月向来都是那么的霸气，那么的从容和冷静，具有临危不惧，巧妙地将"危机"变成"契机"的大能耐。

芈月生存智慧：微笑着面对逆境，勇敢地应对困境

逃避不是解决问题的好办法。

在逆境面前，我们不能畏惧，不能退缩，要沉着冷静，要微笑着面对。

在困境面前，我们不要害怕，不要逃避，要昂首挺胸，要从容地解决。

虽说女人是水做的，可以柔弱一些，可以酥软一些，但若不坚强一些，总是指望有人来为你排忧解难的话，终有一天你会成为别人的累赘，甚至，自己累了自己，自己害了自己。

女人，一定要学会勇敢一些、坚强一些，不管遇到怎样的艰难险阻、怎样的困难挫折，都要挺起胸膛勇敢地面对。正如美国著名的心理学家马克斯威尔·马尔兹所说的："想象你自己对困难作出的反应，不是逃避或绕开它们，而是面对它们，同它们打交道，以一种进取的和明智的方式同它们奋斗。"

活出芈月的风采：王昭君，替汉家君王传播光明的使者

与西施、貂蝉、杨玉环并称为中国古代四大美女，有着"落雁"之称的王昭君，名嫱，字昭君，汉族，生于公元前52年，祖籍南郡秭归县宝坪村(今湖北省兴山县昭君村)。出于老来得女的缘故，她的父亲将她捧在手心里疼，家里的兄嫂也对其宠爱有加。

昭君天生丽质，非常聪慧，琴棋书画样样精通。"娥眉绝世不可寻，能使花羞在上林"这句诗便是形容昭君的绝世才貌的。如此有才有貌的绝世女子，自然声名在外了，所以在公元前36年，汉元帝昭示天下遍选秀女之时她被官员们相中，欲将其送去宫中做秀女。尽管她的父亲百般不舍，但皇命难违，只好含泪目送其登上雕花龙凤官船，历时三月到达京城长安。

昭君因长相出众，引来了当时跟她一起入宫的秀女们的嫉妒。那些秀女为了能够尽快得到汉元帝的恩宠而贿赂画师，让画师将她们画得美若天仙，汉元帝看罢美女画像，自然会钦点她们来侍寝。而王昭君生来就有股傲气，不肯贿赂画师，画师便将她画得十分丑陋。汉元帝虽耳闻王昭君貌若天仙，但看罢画像之后十分生气，当即便把她打入冷宫。她入宫三年都不曾有缘面君，当然也未曾得以侍寝。

聪慧的王昭君自知自己如若不寻求一些改变，不努力将被打入冷宫这等大危机化解的话，必然会孤苦无依地老死在宫中。

公元前33年，北方匈奴首领呼韩邪单于来到汉朝俯首称臣。为结永久之好，他向汉元帝提出了和亲的请求。王昭君明知嫁去匈奴之后，此生恐怕便再无回汉朝见父母的机会了，可是如若她继续留在宫中，只能日夜与四壁相对到老，最后她权衡再三之后，自动请缨远嫁匈奴。

汉元帝以为王昭君真如画师所画的那般丑陋，故满口答应。可是当王昭君应诏前往大殿与呼韩邪单于汇合即将前往匈奴时，汉元帝第一次见到王昭君，当即被她的绝色美貌给惊呆了，没想到自己的后宫竟然有如此美貌之人！汉元帝一度想挽留王昭君，但无奈诏书已下，不能失信于匈奴，只好赐给她锦帛二万八千匹，絮一万六千斤及黄金美玉等许许多多的贵重物品，并亲自送其出长安，眼睁睁地看着她远去匈奴。

此去匈奴，路途遥远，王昭君历时一年多才到达漠北，匈奴人民对王昭君的远道而来表示热烈的欢迎，为其举行了盛大的欢迎礼，使她感动万分。

原本远嫁匈奴对王昭君来说，也算是一场大危机，但为了改变深居汉宫里冷宫的命运，她不得不选择从一个“火坑”里跳到另一个“火坑”里。但是来到匈奴之后，令她没想到的是，自己竟然受到匈奴人如此友好的款待，于是，她把这个危机变成了一个“契机”，以漠北为家，把匈奴人民当成自己的亲人，跟他们共同在这一片土地上开创幸福美好的新生活，为他们带去中原先进的生产技术和先进的文化，使汉匈贸易开始繁荣起来，使匈奴这个化外之地一步一步地向前发展，慢慢地改变了其落后的状态，出现了“边城晏闭，牛马布野，三世无犬吠之警，黎庶亡干戈之役”(《汉书·匈奴传下》)这等欣欣向荣的和平发展景象。所以，后人们称其为“替汉家君王传播光明的使者”。

在情感上，王昭君也是尽得呼韩邪单于的宠爱。呼韩邪单于不仅封她为“宁胡阏氏”，还将其所生的儿子伊屠智牙师封为右日逐王。尽管三年之后呼韩邪单于去世了，嫡子雕提模皋继了位，但是王昭君依然没有失宠，因为依照匈奴汗国的风俗和律法，嫡子有跟庶母结婚的义务，于是王昭君嫁给了新单于，成为了新皇后。由于王昭君与新单于雕提模皋年龄相当，有着许多的共同话题，加上雕提模皋新单于对王昭君早就青睐有加，所以两人结合之后恩恩爱爱地生活了 11 年，并育有两个美丽的女儿。可以说，王昭君在匈奴的生活，比起她在汉宫的日子，真可谓幸福太多太多了。

不可否认，王昭君跟芈月一样，都有一双“化神奇为腐朽”的巧手，都有一个“化危机为契机”的智慧头脑。此外，还有一种傲气冲天的女王气势。

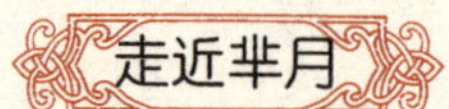

接纳不完美的世界，做内心强大的自己

“我虽出生王族，却一直被人踩在脚下，一无所有。”芈月对

自己的出身背景和现实状况有着很深的了解。

因为母亲向氏不是父亲楚威王的正室，这就注定了她一出生就被人瞧不起，注定了她这一辈子也无法嫁给自己心仪的男子，也成不了任何男子的正室。这便是她这一生中最为遗憾的事。

“人生不可能圆满，因为世界本不完美。”芈月深知这个道理，所以，对于自己的那些与生俱来的“不完美”，她唯有接受，做个内心强大的人，去保护自己、超越自己以及成就自己。

所以，当她被当成联姻的工具嫁到秦国为妃时，她没有半句怨言，反而是用尽心力去做好秦王妃，做好秦惠文王的爱妾。

所以，当她被当成求和的工具送给义渠王时，她也没有半点反抗，反而是极力地促成两国交好。

所以，当她被当成人质送往燕国时，她更没有留下半滴眼泪，反而是不回头、不留恋，大踏步地转身就去。

只有内心强大的女子，才能从纷乱繁杂的战局中脱颖而出，扛起整个秦国的未来。

对于很多女人来说，接受不完美的世界，做内心强大的自己，人生才不会变得平庸，未来才不会是一个无法实现的梦。

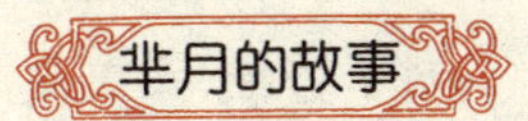

割地求和以保大秦，休养生息以振雄风

为保函谷关，秦昭襄王亲自拉开上了弦的弓箭，将自己的爱妻叶阳送上了黄泉之路。但最后，函谷关还是被齐国的将领匡章以调虎离山之计攻克了。

函谷关是秦国的要塞之地，如今被攻克，对秦国来说，简直就是一个毁灭性的打击。芈月为此十分忧心。

秦国在当时各诸侯国眼中，是个超级强大且超级难攻打的国家，然而，函谷关一役秦国败下阵来，无异于给其他各诸侯国一个巨大的精神鼓舞，原来强秦也有决堤的一天，屡次被秦国以结盟之名推上绝路，但又不肯及时施以援手的楚国见状，更是摇旗呐喊，随时都有可能派兵前来攻打秦国。而齐国攻下了函谷关之后并未满足，而是一鼓作气，继续攻打秦国的其他城池。秦国真是四面受敌，处于水深火热的生死存亡之际。

面对如此危难，芈月只有两条路可走，一条是迎战，另一条便是求和。

迎战的话，芈月认为胜算不大：一来函谷关被攻克，使秦国的将领和士兵都士气大降，以那样的状态去迎战，不太可能会获得胜利；二来经历了那么多场战役，整个秦国，上至王公贵族，下至平民百姓，都有些扛不住了，需要一些时间来休养生息了。

这是芈月掌权以来所遭遇的最大一次重创，如若处理不好，不但她无法继续手握重权，就连秦国的百年基业都有可能被各诸侯国联合起来瓦解掉。

经过反复地思量，最后芈月不顾众大臣和秦昭襄王的反对，坚持割地求和。

公元前296年，秦国不仅把从韩、魏两国夺回来的土地还给它们，同时还把河外之地分别割让给了它们；对于齐国，秦国更是献出了多箱现金财物，才求得三国退兵而保住了秦国。这样，秦国暂且获得了一个喘息的机会。

后来，在韩襄王和魏襄王相继去世之时，秦国休战了一段时间，得以恢复了元气，芈月觉得再战的时机到了，和众将领精心谋划，以迅雷不及掩耳之势突袭韩国，重振了秦国的雄风。

天下没有常胜的将军，每个人都会遭遇失败，凡事都不可能获得圆满，但只要我们勇敢地接受这些不完美，做个内心强大的人，能屈能伸，能适时地作出最优于自己的选择，那么胜利也就离我们不远了。

芈月生存智慧：世界无限大，内心也可以无限大

世界无限大，它可以容纳蓝天白云，可以容纳山川河流，可以容纳群山峻岭，可以容纳风雨雷电……

人的内心也可以无限大，可以容纳生老和病死，可以容纳背叛和伤害，可以容纳痛苦和无奈，可以容纳得到和失去……

人生在世，很多时候都不尽如人意，太计较多寡，太计较好坏，太计较得失，只会让自己陷入无穷无尽的痛苦之中。

我们不要去奢求人生会完美，更不要去祈求上苍会让自己事事顺心，但求自己无愧于心便好。

凡事只要少一些计较，多一些宽容，少一些抱怨，多一些理解，少一些争吵，多一些忍耐，世界便会更开阔，人生便会更完美，那么，自然而然地，生活便会更快乐了。

活出芈月的风采：张幼仪，感谢那个曾伤我最深的人

张幼仪，一个被丈夫徐志摩“鄙夷”的淳朴女人，一个怀着身孕却被丈夫抛弃的可怜女人，一个即使离婚了也尽心尽力照顾前夫高堂的善良女人。

张幼仪跟徐志摩的婚姻属于包办婚姻，两人之间没有感情基础，或许仅仅是为了传宗接代而结合在一起，对此，张幼仪是

知道的，但她却并不在意。原本她以为自己勤俭持家便会得到丈夫的疼爱，殊不知，徐志摩是个追求自由和浪漫的新时代青年，他怎么会爱上一个在他眼里只不过是个“乡下土包子”的女子呢？后来，徐志摩在张幼仪怀了他们的第二个骨肉时爱上了林徽因，不仅逼她打胎，还逼她离婚。

张幼仪并不像徐志摩认为的那样，是个“乡下土包子”，而是一个有气度、有魄力的女子。当她得知徐志摩爱上了另外一个女人而要跟自己离婚时，尽管心有不甘，但深知无可挽回，只好含泪签字，当时他们的二儿子还未满月。

离婚后的张幼仪，以义女的身份照顾徐志摩的双亲，操持徐家，甚至还掌管了徐家的经济大权，把徐家上上下下都安排得妥妥当当。并且，她对徐志摩的事业也鼎力相助，《徐志摩文集》就是在她的主持下得以顺利在台湾出版的。

另外，值得一提的是，就连徐志摩的丧事也是张幼仪主持完成的。当时徐志摩飞机失事，他的妻子陆小曼不肯接受事实，不肯去认尸，后来还昏死了过去，张幼仪理智地接受了这样一个事实，让儿子去山东将徐志摩的尸体收回，然后自己亲自主持他的丧礼，做足了一个妻子该做的事。

不过大家别以为张幼仪只是个管家的妇女，在事业上并无成就，其实不然。她还是一个很有商业才干的“有主见、有主张且相当主动”的“三主”女强人。

离婚之后的张幼仪去了德国，一边抚养儿子彼得，一边在德国裴斯塔洛齐学院学习幼儿教育。

回国之后她曾在东吴大学教德语，后来受聘担任因经营不善而濒临倒闭的上海女子商业银行的副总裁。在她的努力经营下，加上主持上海中国银行行务并兼任中国银行副总裁的兄长张公权的大力支持，很快该行便反亏为盈，在上海银行界占有了一席之地，同时她也声名大振，成为中国女性主持银行的第一人。

“我要为离婚感谢徐志摩，若不是离婚，我可能永远都没有办法找到我自己，也没有办法成长。”张幼仪从来都未记恨过徐志摩，反而一直都对他心存感激，跟他也一直都保持着友好的关系。

天下间哪个女人不希望自己的丈夫能够珍爱自己、疼惜自己呢？张幼仪也不例外。然而，徐志摩除了给予张幼仪两个“生命的结合体”之外，没给过她半点情意，反而一直都是张幼仪在为徐志摩付出，不管是婚内还是婚外。我们在感叹上天对张幼仪极为不公的同时，又不得不感叹，她是一个内心多么强大的女人，一个多么了不起的女人！她不仅出得了厅堂，进得了厨房，还能以极大度的胸怀去包容丈夫的所有不完美。

4

走近芈月

控制住了自己的情绪，便控制住了自己的命运

芈月向来都不是一个肯认命的女人。

虽然她改变不了自己的出身，但是她却懂得控制自己的情绪，并以此来控制自己的命运，使自己傲视群雄，长立于不败之地。

芈月初入秦宫，并未马上得到秦惠文王的青睐和宠幸，而是一连数日都被遗忘在了一间小小的厢房里。她不但没有半点自由，就连一些侍女都使唤不动，甚至有的还向她投来不屑的眼光。

人家做王妃，她也做王妃，人家有一群高官侍女前呼后拥，而她却门庭冷落，但她并未表现出任何的不满、任何的愤恨，反而是静静地休养，过好一个人的秦宫生活。

芈月其实并不是一个温顺之人，而是一个稍有脾气之人。所以，魏冉对芈月初来乍到如此压抑自己表示十分不解。

后来芈月在与惠文后第一次相见时，因惠文后的贴身婢女对她大为不敬而动了肝火，出手教训了这位婢女，从而引起了惠文后的不满，同时也让秦惠文王注意到了这个有着些许野性的楚女。

芈月之所以独守空房之时安守本分而不生事端，却在惠文后面前发了脾气，原因就在于，一旦惹怒了惠文后，必然会引来秦惠文王，她这个有名无实的秦王妃才有机会见到秦惠文王，幸运的话一下就让秦惠文王记住了自己，那么受宠幸的日子自然也就不远了。

芈月确实如愿以偿了。那日之后，秦惠文王日日流连她的宫室，很长一段时间都再无垂怜惠文后和后宫的其他妃嫔。

什么时候要保持冷静，什么时候要大发雷霆，什么时候要温顺如绵羊，什么时候要强势如狮子，芈月拿捏得非常准，以至于不仅控制住了自己的命运，甚至还控制着秦国的命运，也在一定程度上控制着战国时局的发展，真不愧为我国历史上第一位具有传奇色彩的女政治家。

芈月的故事

孩儿惨死悲痛欲绝，放下心灵的重负

芈月和义渠王之间的感情，剪不断，理还乱。

他们纠缠在一起 30 余年，期间，芈月为义渠王生下了两个儿子。

由于芈月身为秦国宣太后，与义渠王所生之子并不是秦国的子嗣，故不能留在秦宫里豢养，所以孩子一出生，芈月便交由义渠王带回义渠去照顾。

义渠王也确实很尽心地照顾两个爱儿，但现实太过残忍，义渠爆发的一场瘟疫，夺取了两个孩子年幼的生命。

义渠王不知如何开口告知芈月真相，故稍加隐瞒了一阵子。待芈月隐约听到宫中有人议论说义渠发生大瘟疫夺去了无数人的生命，而着急召见义渠王问孩儿的情况时，他才如实相告。芈月听罢，当即便晕了过去。

待她醒来时，看到义渠王泪眼婆娑地跪在她的床边，她更是气不打一处来，一边哭喊着要义渠王还她的两个儿子来，一边狠狠地捶打着义渠王的胸口。义渠王自知理亏，没有照顾好一对爱儿，任凭芈月在他身上肆意"撒泼"而不还手。

打累了，哭累了，芈月的心才慢慢地平复下来，尽管一时之间她还无法完全释怀一下子失去两个亲生骨肉的事实，但至少她已经用理智控制住了自己悲痛的情绪。

朝中一些反对芈月专政的臣子以为遭受丧子之痛打击的芈月再无心打理朝政了，便趁此机会教唆秦昭襄王夺回亲政大权，秦昭襄王也很想摆脱母后的控制，故更加勤政爱民，以获得好口碑，博得更多大臣的支持。

然而，芈月虽然伤痛不已，但意识还是清醒的，人也还是很理智的，对于朝政，她并未完全放松，而是极力地控制住了自己悲伤的情绪，如常垂帘听政。

放下心灵的重负，才能轻松自在地往前走。放下消极悲观的情绪，才能一股劲儿地奋勇向前。所以，不管遭受多大的重创，芈月都能很好地控制住自己的情绪，以积极乐观的心态去看待身边发生的每一件事。过去的事，无可挽回的事，就让它过去，未发生的事和明天可能发生的事才是她所要关注的。

芈月生存智慧：要学会控制情绪，不能让坏情绪影响自己的心情

情绪就像是人的影子，时时刻刻都陪伴在我们身边，也时时刻刻都影响着我们。

情绪，有好也有坏，好情绪能给人带来无穷的正能量，坏情绪会给人带来难以招架的负能量，因为它是一种极具毁灭力量的情绪，能够摧毁人的健康，蒙蔽人的心灵，迷失人的本性，扰乱人的方向和思路，使人变得不清醒、不理智。

虽然每一个人都希望自己时时都能够有好情绪、好心情相伴，但又不可避免地时常遭到坏情绪的干扰。

当坏情绪来临的时候，我们务必要采取有效的措施及时地将其驱散、摒弃，绝不能让其久留于我们心间。

当好情绪围绕我们身边时，我们自然要善待它、珍惜它、保护它，尽量地让它长留于我们心底，以鼓励我们积极向上、奋勇向前。

身为人母、身为人妻、身为人子的女人们，一定要学会控制自己的情绪，绝不能让坏情绪影响自己的心情，阻碍事业、家庭的双丰收和双发展。

活出芈月的风采：王菲，坚强的明星妈妈

王菲，一个在华语乐坛有着举足轻重地位的有着天籁之音的天

后级歌手，在卸下明星的耀眼光环之后，她只不过是一个妈妈，一个全心全意爱着自己的孩子，心甘情愿为自己的孩子付出一切的妈妈。

王菲结过两次婚，生过两个女儿，大女儿是她跟前夫窦唯所生，二女儿是她与第二任丈夫李亚鹏所生。当时，她怀二女儿李嫣的时候已经36岁了，进入了高龄产妇的行列，为此，她很珍惜这个小宝贝，即使在怀孕四个月的时候被告知肚子里的小宝贝有可能会有唇腭裂，她只用了一句话的时间便决定坚持把孩子生下来。

当时，丈夫李亚鹏问她："什么想法?"王菲只说了一句："就算被医生说中了，又怎么了?"

就这样，怀胎十月，王菲接受剖宫产手术把这个小宝贝给"生"了出来。麻醉药慢慢散去，她从昏迷中醒来，跟丈夫说的第一句话便是："严重吗?"丈夫点点头，她的眼泪便唰地流了下来，丈夫紧紧地握住她的手以示安慰。

为了不让媒体的过度关注打扰他们一家三口的生活，为了不让一出生便要接受治疗的女儿过多地受到广大民众的关注，王菲和丈夫对外界封锁了初生女儿李嫣患有唇腭裂的消息。同时，为了让李嫣尽快地恢复健康，满月当日，王菲便带着李嫣远赴美国治疗。一年内小宝贝做了三次手术，每一次都让王菲心痛不已，但她最终还是熬过去了。

当李嫣从美国接受矫正术回来静养时，王菲夫妻经过共同协商，由丈夫李亚鹏在微博上发了一篇名为《感谢》的博文，感谢了医生、经纪人、朋友以及早已收悉消息但却充满人道关怀不予对外曝光的媒体，当然也感谢了那些一直以来为他们夫妇保守这个秘密的陌生人，算是正式对外公布了女儿李嫣的病情及恢复情况。之后，王菲夫妇发动艺人捐款而成立了"嫣然基金会"，关注唇腭裂患儿,帮助他们恢复健康,快乐成长。

如今,李嫣已出落得亭亭玉立,王菲心里悬着的那块大石头终于可以落地了。

她不知为李嫣这个宝贝女儿操了多少心,流了多少泪。不过,她从未对此抱怨过,也从未想过放弃,不管是在怀孕中、生育后,还是孩子进行手术时,任何时候她都保持着一份坚定的决心,那就是不管付出多大的代价,都要让孩子健康快乐地成长。

这一路走来,她真的是太不容易了,不仅要悉心地照顾李嫣这个天生有缺陷的小宝贝,要避开那些闪光灯的倍加关注,同时还要承受着巨大的内心煎熬,那是一种无比疼痛的心理折磨啊!好在她有一颗超级强大的内心,有一份超级坚定的决心,能够控制住悲观失落的情绪,这才有足够的信心和勇气去跟命运抗争。

王菲,真的是一个超级坚强的好妈妈。

芈月

秦惠文王

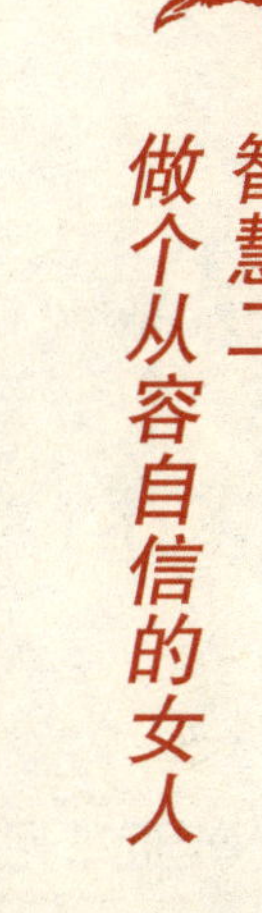

智慧二：做个从容自信的女人

芈月说：「有你，我坐拥天下；没你，我的世界依然伟大。」

外表之美，会随着时间的流逝慢慢地变得暗淡，直至失去光彩，唯有由内而生的自然魅力，才是女人美丽的源泉，才能让女人的美丽永驻，而这种魅力正是建立在从容自信之上的。

从容自信所赋予女人的美丽光彩不会随着岁月的流逝而消逝。

从容自信的女人，聪慧灵敏，出类拔萃，不盲目自大，不落入世俗。

从容自信的女人，宽容大度，胸有成竹，不矫揉造作，不自卑自负。

从容自信的女人，落落大方，神采奕奕，不惊慌失措，不临阵脱逃。

从容的女人，她灿烂的微笑里透着一股高贵优雅的气息，让人仰慕的同时又有些敬畏。

自信的女人，她身上具有一种无形的光芒，照耀着你，也照耀着前方的路。

我们，一定要做一个从容自信的女人，自信中透着妩媚，从容中透着温婉，潇洒中透着优雅，不因青春易逝而神伤，也不因容颜易老而感怀，不在意别人的眼光和评论，只做最好的自己、最美的自己。

1

走近芈月

你要相信，没有到不了的明天

明天在哪里？归宿在哪里？和母亲、弟弟芈戎一起被赶出楚宫的芈月，一时之间真的不知道该何去何从，唯有跟着母亲一路漂泊，一路惆怅。

后来母亲嫁到魏家，母子三人才过上稍微稳定的生活。但是，在云梦泽的生活始终比不上在楚宫里的生活，在楚宫里芈月好歹也是个公主，但是在这里，她每天不是做各种家务，就是上山采茶，有时还要帮助母亲照顾同母异父的弟弟魏冉。

尽管生活是苦涩的，尽管没人疼也没人爱，但芈月还是心存快乐，心存希望，她始终相信，没有到不了的明天，总有一天她的命运会发生大转弯，终有一天她不用再寄人篱下看人脸色地生活。

她原本把希望寄托在一个叫黄歇的公子身上，她把自己最初的爱恋给了他，期待着有一天能成为他的正妻，跟他共度余生。尽管黄歇公子对她也是情有独钟，但是母亲向氏在楚后宫得罪了威后，威后对芈月母子一直都很有成见，所以不管他们身处楚宫之中，还是流落在外，威后总是想方设法地去陷害他们。在得知芈月跟黄歇欲结百年之好时，威后百般阻挠，两人最终未能走到一起。

既然她跟黄歇无法携手走今后的人生路，既然她的明天注定没有黄歇相伴，她只能选择忘记，选择放弃，最终抓住了一个大好良机入秦为妃，切实改变了自己的命运，也将自己正式推上了政治舞台。

芈月的故事

入燕为质，忍辱负重静候时机

义渠王念念不忘芈月那一双妩媚的凤眼，在苦想了多时之后，终领兵攻打到咸阳城，只求能从秦惠文王手中把她带走，带到义渠做他的女人。

出于男人的自尊，秦惠文王奋力迎战，但最终还是不敌，面对内忧外患的形势，为保秦国的稳定，秦惠文王竟然忍痛将芈月送至义渠军营求和。

当秦惠文王作出这样一个决定时，芈月心碎了，但为了大局，为了秦国，她不得不照做，甚至不敢有半句怨言。尽管后来秦军还是把芈月从义渠军营中救了出来，但秦惠文王还是介意芈月在义渠军营里过了一夜，始终不肯见她，不过心里还是惦记着她。

当时列国的王朝几乎都在更换，新旧交替的危险自然也就加重了，加上秦惠文王年事已高，秦国内部爆发了争储之战。惠文后为了把自己的儿子嬴荡推上储王之位，不惜一切代价地陷害芈月。秦惠文王虽未属意立嬴稷为储王，但还是想保他周全，不希望他在争储之战中受到伤害，故以此为契机，将芈月和嬴稷一同送往燕国为质以避国祸和家祸。

尽管芈月很想留在自己深爱的秦惠文王身边侍候他，尽管她并不害怕惠文后对她所做的各种算计，但是为了保住爱子嬴稷的性命，她唯有再次遵从秦惠文王的决定，或许，离开那满是硝烟的秦宫，前往陌生的燕国，才能求得暂时的安宁。

然而，那时的燕国也正处于内乱之中，芈月到了燕国之后并未过上一天安稳的日子，整日整夜地带着嬴稷在兵荒马乱之中逃命。尽管如此，她依然不后悔来到燕国这个苦寒之地受苦受难，因为她一直都相信，美好的明天在不远处等着她，只要她能够勇敢坚强地熬过去，就一定会看到希望的曙光。

公元前 311 年，秦惠文王驾崩和嬴荡登基的消息传到芈月耳中，芈月心中虽然痛苦万分，但她并未在嬴稷面前表现出来，她告诉嬴稷，务必要坚持在燕国待下去，务必要等到合适的时机才能够回秦国，在不对的时机回去，只会惹来杀身之祸。

就这样，芈月忍辱负重多时，终于等来了嬴荡举鼎而亡，秦国上下忙着举荐新王登基的好消息，她赶紧带嬴稷回秦，争夺王位，结果自不必说，她成功了。

忍辱负重、静候时机是一种人生的大智慧。忍一时的艰辛困苦换来一生的幸福，忍一时的屈辱换来一生的欢欣，何乐而不为呢？

芈月生存智慧：懂得放下，学会忍耐，阳光总在风雨后

懂得放下，学会忍耐，是一种以退为进的生存智慧。

放下，是一种泰然处世的人生哲学，一种自我控制的能力，

一种审时度势的生存策略。

忍耐,是一种坚强生活的人生智慧,一剂保全自己的良方,一种历经挫折的稳重成熟。

放下过往,才能更好地拥抱明天的太阳。放下心中的包袱,才能更轻松地走余下的人生路。

人,如果没有忍耐的品质,不懂得适时忍耐,即使拥有再优良的先天基因,也会在后天失去孕育它的肥沃土壤。

忍耐一时,必能拨开云雾见青天而成就终生;卸下烦恼,必能回归心灵的乐土而看到风雨之后的彩虹。

一个人只有学会忍别人所不能忍的痛,吃别人所不能吃的苦,才能收获别人所不能得到的收获,才能驱散阴霾,享受到温暖而美好的阳光。

活出芈月的风采:西施,为国献身的倾城女子

中国古代四大美人之首的西施,她的美貌,用再多华丽的辞藻来形容都不为过,简单说来,即四个字"倾国倾城"。西施就是一个美的化身,一个美的代名词,不然,怎么能够使一个国家为之而覆灭呢?

西施,名夷光,春秋时期越国人,生于浙江诸暨苎萝山村。相传,西施婀娜迷人,浣纱时鱼儿见了她的美丽容颜竟然忘了游水而渐沉于水底,因而被誉为具有"沉鱼"之美。

西施不仅天生丽质,拥有倾国倾城之貌,而且还才华横溢,诗词歌赋更是信手拈来,而她最为引人注目的,是她优美的体态和舞姿。

正是因为西施有着与众不同的绝佳才貌，才会被越王勾践相中送给吴王夫差，乱吴宫以霸越。

公元前494年，吴王夫差在夫椒击败越国，越王勾践退守会稽山时受吴军围攻而被迫向吴国求和，勾践忍辱入吴为质。在被释放归国之后，勾践一心想要复国，便广为纳谏。大夫文种献上灭吴九策，勾践颇为满意其中最为毒辣的一计——美人计，因为吴王骄纵好色，所以勾践命大夫范蠡到全国各地去搜寻国色天香之美女欲献给吴王。

当范蠡来到苎萝村时，遇到了正在浣纱的郑旦和西施这对美丽的姊妹花，顿时被她俩的绝世美貌吸引住了。

范蠡这个翩翩公子的出现，也令这对姐妹花心生涟漪，她俩同时爱上了这个范郎。范蠡对郑旦虽然心生好感，但心中最爱的还是西施，他俩花前月下互诉衷肠，西施以为自己真的遇到了一个如意郎君。可谁知，范蠡虽然对西施动了真情，但有王命在身，他不得不将个人的感情放下，以复国大任为重。

当范蠡向西施坦白自己的使命时，西施对范蠡先国后家的大丈夫心怀所感动，决定为国为爱郎献身。因为她始终相信，终有一天阴霾会过去，阳光总在风雨之后，未来总是美好的。

于是，范蠡将郑旦和西施都带回给越王审阅，越王勾践对她们的容颜十分满意，但是若就此将她俩献给吴王夫差，恐怕难成大事。因为越王勾践认为，真正的美人必须具备三个条件：一个是美貌，一个是善歌舞，还有一个就是有着优美的体态。当时西施只具备了第一个条件，所以，越王请人教西施歌舞、步履、礼仪等，待她学满后再将其献给吴王夫差。

西施心仪范蠡，当然想跟范蠡能够有个好的结果了，但是国难当前，她不得不忍辱负重，发奋苦练舞曲，让自己能够早日学成，助越王完成复国大业，然后自己便可解脱，跟自己的爱郎相爱相守。

经过三年没日没夜的苦练，西施终于拥有了越王所认为的真正的美人所应该拥有的条件而被送进了吴王的寝宫。

当举手投足间尽显优美之态的西施穿着华丽的宫服出现在吴王面前时，吴王夫差大喜，对其极尽宠爱，不惜大兴土木建造春宵宫，日日与西施戏水为乐。因西施的舞姿优美动人，且擅长跳“响屐舞”，吴王又命人建造“响屐廊”，在数以百计的大缸上铺上木板让西施穿上木屐在上面起舞。因为西施的舞裙上系有小铃铛，她翩翩起舞之时，铃声和大缸的回响声“铮铮嗒嗒”地交织在一起，使吴王夫差如醉如痴。

吴王夫差简直是中了西施的魅惑“蛊毒”，整日沉迷于女色不理朝政，终使吴国一步一步地朝灭亡之路走去。

公元前473年，吴国被越国所灭，吴王向越王勾践求和，越王勾践处心积虑那么多年，自然是不肯就此罢休了，无奈之下，吴王只好选择了自杀身亡。西施总算是功德圆满了，得到了人身的解放，范蠡也遵守当初的承诺，离开越国，到吴国找到西施，与之结伴同游五湖四海，过上了令人羡慕的神仙眷侣般的生活。

拨开云雾见青天。幸福不是必然的，也不是一蹴而就的，要经过一番艰难的抗争，经过一轮艰苦卓绝的考验，虽然过程是曲折的，是艰难的，但只要我们坚信美好的明天终有一天会到来，那么忍一忍，熬一熬，就过去了，因为阴霾终究不会笼罩在我们头顶上太久，阳光也总是会冲破风雨向我们露出最灿烂的微笑的。

2

走近芈月

相信自己，坚定地走自己选择的路

芈月在主持秦国朝政40余年的时间里，作过很多对未来有着深远影响的决定，如联楚弱楚、怀柔政策、诱杀义渠王等。她每作一个决定，都会招致很多反对的声音，不仅大臣们会反对，就连她的亲生儿子秦昭襄王嬴稷也时常会对她的决定提出质疑，但是她始终相信自己，相信自己所做的任何一个决定都会有利于秦国的稳固和发展，故坚持自己的决定。

芈月从入秦的那一刻起，就知道自己的命运不会再像一个普通女子的人生轨迹那样发展下去。她要面对和接受一个陌生的男子做自己的夫君，要侍候这个未曾谋过面的男子，而且这个男子还不是一般的男子，是一国之王，他的后宫佳丽无数，她要付出多大的心血和精力才能脱颖而出获得他的宠幸啊？

不过芈月真的很幸运，一眼便让秦惠文王喜欢上了她，使她在一段时间内得到了专宠，但也因此招致后宫嫔妃的嫉妒。惠文后更是对她嫉恨有加，想方设法地陷害她，甚至造芈月跟义渠王私通的谣言以中伤芈月。魏冉因担忧芈月的声名受损，让芈月强势出击，先对惠文后痛下杀手以除掉自己在后宫之中最大的对手，但是芈月并没有这么做，反而采取不闻不问的态度，她相信秦惠文王对她的感情，相信秦惠文王不会相信这样无稽的谣言。

“走自己选择的路，不管别人如何说。”芈月就是这样，超级自信，超级相信自己的选择，坚定不移地朝自己认为对的方向前进。

芈月的故事

坚定信念，悉心栽培嬴稷

芈月在燕国为人质时，生活很不安定，条件也十分艰苦，深爱着她的义渠王心疼不已，专程从义渠赶赴燕国欲将她接到义渠做王妃，但是芈月一口回绝了。义渠王不明白芈月为何会作出在他看来是那么不理智的决定。

当时秦惠文王已经立嬴荡为储王了，一旦秦惠文王驾崩，嬴荡便会登基为王。嬴荡为保住自己的江山，应该不是很愿意让芈月跟嬴稷回秦国，若是芈月执意要带嬴稷回秦国的话，说不定在回去的路上就被嬴荡派去的人给暗杀掉了。就算嬴荡顾念兄弟之情不对嬴稷下毒手，让嬴稷顺利回到秦国，但嬴荡因担心嬴稷将来有一天会跟他争秦王之位，自然不会重用他，甚至还不会给予他封地。

按照义渠王的想法，芈月嫁到义渠做王妃，才是最好的选择。但是芈月却不这么想。

芈月问义渠王："如若我嫁到你义渠，我儿嬴稷怎么办？做义渠的公子吗？"

义渠王答："我会待他如亲儿。"

芈月就又问："那你会把义渠王之位传给他吗？"

义渠王沉默了。

如果嬴稷跟芈月去了义渠，确实可以一辈子安享荣华，但是，这对嬴稷来说太不公平了！他堂堂一个秦国公子，怎么能到义渠寄人篱下呢？寄人篱下的滋味有多么的不好受，其他人可以不懂，芈月可是深有体会。嬴稷只有回到秦国，才有可能拥有属于自己的江山，才有可能成为一国之王。

义渠王思考了片刻，似乎理解了芈月的忧虑，故问她："你一定要回秦国吗？"

"一定要回！而且还要带嬴稷回！"芈月暗自在心底下了决心，一定要回到那个让她伤心、但是却能让她的儿子施展才略的国土。

其实在生下嬴稷的那一刻，芈月就想让他承继秦惠文王一统天下的宏愿，让他将来能坐上秦王的宝座，而她，要做秦国的太后，给惠文后致命的一击。

所以，在燕国生活的那段日子，芈月悉心地栽培嬴稷，将她从秦惠文王身上学到的所有治国之道悉数传授给他，为他将来登基打下了坚实的基础。

芈月这个不同凡响的决定，不仅影响了秦国日后的发展，影响了整个战国时局的走向，甚至还影响了整个中国历史的发展。

芈月生存智慧：相信自己的眼光，坚定自己的选择

每个人都有存在的独特价值，都有选择的权利。

很多时候，我们的选择，就决定了我们的命运。

没有人能决定我们的命运，我们的命运掌握在自己手中。

没有人能替我们做选择和决定，也没有人能左右我们的思想和行为。

因为，在这个世界上，最了解自己的人，只有我们自己；最能信任的人，也只有我们自己。

不要受别人的思想和行为所影响，要做最独立的自己；不要去在意别人的眼光，要相信自己的眼光是最好的；也不要去在意别人的想法，做最真实的自己就好。

我们要相信，相信自己的眼光，相信自己的选择，相信只有走自己选择的路才最适合自己。

活出半月的风采：林徽因，用一生的时间回答一个问题

林徽因，我国第一位女性建筑学家，一位风华绝代的才女。

林徽因遇见徐志摩时，只有16岁，一个情窦初开的年龄，而徐志摩已经24岁了，但是8岁的年龄差距并未成为他们交心的障碍。

徐志摩浪漫，有才情，林徽因美丽，有诗意，两个热爱生活、热爱诗歌、热爱文学的青年男女在茫茫人海中碰到了一起，很难不擦出爱的火花。

他们一起游湖，一起骑单车，一起写诗，一起念诗，度过了一段纯美的时光。

然而，美好的爱情背后，隐藏着残酷的社会现实。当时的徐志摩，已是两个孩子的父亲。

尽管徐志摩为了林徽因离开了还在襁褓中的孩子和在月子里的妻子，但最终，林徽因还是没有选择跟徐志摩在一起，而是选择嫁给了梁思成。

关于林徽因不选择徐志摩的原因，有很多种说法：一种说法是林徽因当时还太年轻，对感情的深重把握得还不是很好，加上徐志摩又是有妇之夫，她不想破坏他的家庭，故决绝地斩断了跟徐志摩的那一段发生在不对的时间里的爱情。另一种说法是林徽因虽然深爱着徐志摩，但是却认为徐志摩爱的并不是真正的她，而是他用诗人的浪漫情怀臆想出来的完美的林徽因，故忍痛转身离去。第三种说法是林徽因深知自己是属于建筑界的，她要嫁给一个能跟她一起在建筑行业共同迈进的人，而梁思成便是最好的人选。

其实，三种说法都各有依据，到底哪种说法才更接近事实呢？不仅我们想知道答案，梁思成也想知道答案。

梁思成曾经问过林徽因：“为什么选择我？”

林徽因是这么回答他的：“这个答案很长，我要用一生的时间来回答。”

或许，林徽因后半生的成就真的可以告诉我们答案。

林徽因跟梁思成结婚之后，两人携手走遍了我国 15 个省，考察测绘了 200 多个古建筑，系统地调查、整理和研究了中国古代建筑的历史和理论，共同完成了一本旷世巨作《中国建筑史》，成为了这一学科的开拓者和奠基者。

林徽因相信自己的眼光，相信自己的选择，最终不仅在建筑界上有所建树，在文学界也锋芒毕露，成为了世人所称颂的多才多艺的奇女子。

3

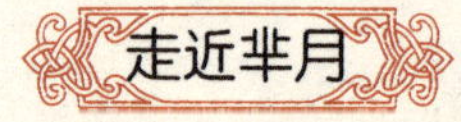

做生活的智者，永葆一颗波澜不惊的平常心

芈月是一个生活的智者。

明明很想让秦惠文王立自己的儿子嬴稷为储王，但她却从未在秦惠文王面前提过半句，因为她知道，秦惠文王最讨厌女人在他耳边嚼舌根。

明明很不喜欢处处掣肘着自己的惠文后，但很多时候在跟惠文后起冲突之后，秦惠文王欲降罪惠文后时，她又出言相助，甚至把责任往自己身上揽，因为她知道，惠文后在秦惠文王心中具有举足轻重的地位，他们曾有过一段纯美的爱恋。

明明很不愿意被当做求和的工具送往义渠军营，但她却表现出不管秦惠文王作出什么样的决定都大力支持的凛然气度，因为她知道，秦惠文王因为爱她，所以无法面对她，他对亲自将她送往义渠军营求和而感到愧疚。

当她得知秦惠文王属意立惠文后之子嬴荡为储王时，她并未感到不安，反而以一颗平常心对待，因为她知道，嬴荡是个好武之人，绝非治国的良君，即使让他登基为王，也不会长久。

当她被送往燕国做人质吃尽苦头时，她并未对秦惠文王心生怨恨，反而以一颗淡泊之心看待，因为她知道，只有避开当时秦国的内乱，嬴稷才能在纷乱中求得平安，求得安宁。

当她下令割地求和以换取秦国一时的和平而受到众人的鄙夷时，她并未感到灰心丧气，反而以一颗宽容之心看待，因为她知道，只要秦国的将士休养生息一段时间，必能再振雄风。

芈月真不愧是一位弄权的高手，她用波澜不惊的平常心看待一切阻滞，应对一切困难。

也正是这样一个波澜不惊之人，永葆平常心之人，才能成为华夏民族几千年历史中第一位临朝听政的太后。

芈月的故事

风起云涌，移交政权保秦江山

为确保义渠永远只做秦国的一个郡县而不会出兵攻打它，进入晚年的芈月忍痛割爱，诱杀了最爱自己、自己也曾深爱过的义渠王。

但因抑制不住对义渠王的思念，芈月将自己遇到的一个与义渠王长得有七八成相似的男子甘土当成了义渠王，对他倾注了深深的情感。

甘土此人狂妄不已，仗着宣太后芈月喜欢自己，在秦宫里横行无忌，最终闯了大祸，惹怒了嬴稷，嬴稷按照律法将其处死。芈月再一次痛失爱郎，加上年事已高，终于感到身心俱疲，实在再无精力打理秦国的朝政，慢慢地将政权移交给了秦昭襄王嬴稷。

在沙场上奋斗了大半辈子，为芈月打下了大片疆土的魏冉，担心嬴稷主政之后，为稳固自己的地位，欲肃清芈月的势力，而对芈月一手提拔上来的将才痛下杀手，故劝芈月不要移交政权，而鼓励芈月更紧地把主政大权握在手上，即使有一天魂归西天，也要把这秦国的江山交给芈姓后代或者他们魏氏家族。

芈月站在权力的最高点几十年，与各诸侯国争斗了一辈子，她深知权力越大，腐化性就越强，她不想魏冉、芈戎、向寿等自己的亲信被权力腐化，一心只想着扩大自己的封地，称王称霸。另外，这秦国的江山是秦惠文王几代人辛辛苦苦打下来的，只有交回给秦惠文王的后代打理才得以延续和发展下去，加上嬴稷是她一手栽培出来的，若是他都扛不起整个秦国的未来，那其他人就更扛不起了。

芈月在经过一番深思熟虑之后，最终做通了魏冉等人的思想工作，让他们回到封地安享晚年，让嬴稷重组新的朝政格局，安排他所信任的人担任要职。

于是，芈月在一片哗然声中退出了秦国的政治舞台，退出了战国的纷乱时局，从一个手握重权叱咤风云的一代女政治家摇身一变成为了秦宫里一个老态龙钟的妇人，在秦宫的某一个小角落里，静静地安度晚年。平素少有人去看她，就连秦昭襄王也常常以国事繁忙为由，很少去看她。

本来是花团锦簇、万人拥护，如今沦落到一个人冷冷清清地生活，这样的人生落差，未免令人唏嘘。不过，芈月对此并不在意。哪个人没有起起落落之时啊？只要以一颗平常心去看待，就能在波澜起伏之中永远保持一份宁静。

芈月生存智慧：处变不惊，从容淡然地对待周遭的一切

虽然每个人都希望自己身体健康，但疾病还是会降临。

虽然每个人都希望自己一生平顺，但坎坷也总是会出现。

虽然每个人都希望自己人生圆满，但缺憾也总是会存在。

很多时候的很多事实，我们都没有办法改变，只有去接受、去面对。

只有从容淡定地去面对周遭的一切，处变不惊地去看人世的繁华萧瑟和风起云落，人生才不会活得太累。

从容，是一种生存的状态，一种绝佳的心境。将这种心境和状态带到我们的生活之中，便不会被突如其来的苦难所累，也不会被不期而遇的伤害所伤。

过好生命中的每一天，就是过好一辈子。人生只不过短短几十年，何必要跟自己较真呢？能面对的，就不要逃避；能接受的，就不要拒绝；能放下的，就不要再拾起。

活出芈月的风采：邰丽华，用生命跳舞的“千手观音”

她，以曼妙的身姿，优美的舞姿，伴随着七彩的舞台灯光吸引了世界人民的目光。

她，就是2004年9月28日雅典残疾人奥运会闭幕式上，带

领着中国残疾人艺术团聋人舞蹈队表演《千手观音》的领舞者邰丽华。

“如果给我三天时间，让我听见世界上的声音，第一天我想好好地听听伴我度过 20 多年的、我所跳的每一支舞蹈的音乐——是真正的音乐和悠扬的旋律，而不是我现在理解的节拍；第二天我还想听音乐；第三天我仍然想听音乐。音乐对于舞蹈者来说就是灵魂。”邰丽华，一个如此热爱舞蹈之人，她在舞台上的完美表演，靠的竟然是感觉，因为她完全听不到音乐的旋律，因为她的世界是无声的。

1989 年，邰丽华生于湖北省武汉市一个普通的职工家庭，2 岁时因发高烧而与声音绝了缘，从此生活在了一片“宁静”之中。

身为无声世界中的一员，邰丽华此生再不能像其他孩子那样大声地说话、畅快地倾听，甚至与人的沟通都会有些困难，起初她也害怕过、焦虑过，但是在家人的鼓励和支持下，她终究还是勇敢地站了起来，勇敢地面对这残酷的现实。在父母的教导之下，她开始慢慢培养自己的自理能力，稍大一些的时候，她开始有了新的信念，那就是不要成为家人的负担，不要成为社会的负累，更不能让自己在这个大千世界里白活一场，她一定要用自己辛勤的汗水去改变不幸的命运。

当然，邰丽华在心中树立起这样的信念之前，她学会了接受，学会了放下，学会了去做一个生活的智者，以一颗波澜不惊的平常心来对待生命中的一切灾难与不幸。

最初被送进聋哑学校的时候，邰丽华发现一门叫作“律动课”的课程非常有意思。课程是这样的：教师踏响木地板下的象脚鼓，把震动传达给站在地板上的学生，学生们由此知道什么是节奏。邰丽华为了真实地体验到这种感觉，总是把脸颊紧贴在答录机的喇叭上，全身心地感受不同的震动带来的不同节奏。

这为她之后成为舞蹈演员，通过震动的节奏感受出音乐的旋律而打下了坚实的基础。

邰丽华喜欢舞蹈，可能是与生俱来的吧！每当她看到电视里播出舞蹈节目，她都会看得入了迷，有时还会跟着电视里的舞蹈演员跳起来。后来，在残联的帮助下，邰丽华得以参加了正规的舞蹈训练，15 岁的时候已经具有 10 年的专业舞蹈训练经历了。

一次偶然的机会，武汉市歌舞团的赵老师发现了邰丽华的舞蹈天分，觉得她很可能是个可造之材，不过可惜的是，她跟邰丽华交流起来有些困难，加上邰丽华对声音的把握有一定的障碍，所以她一开始只是抱着试试看的心态让邰丽华到武汉歌舞团参加训练。

初到武汉歌舞团的邰丽华，不知道是因为适应不了新的环境，还是因为身体的残缺，她的表现与其他学员有了一定的差距，赵老师对此十分失望。邰丽华对此并不气馁，而是从容淡定地用实际行动让赵老师重拾对自己的信心。除了吃饭和睡觉，她把所有时间都用在了跳舞上。她首先练的是杨丽萍老师创作并首演的有 700 多个节拍的舞蹈《雀之灵》。

无法听到音乐旋律的邰丽华为了让自己的舞蹈和这 700 多个节拍完全合得上，她只能靠记忆、重复、再记忆，然后再重复的方法去练习！练了大概有大半个月吧，她终于能够在心底奏响这支乐曲，终于能够跟随心中的“音乐节拍”翩然起舞了！

有一定舞蹈天分的邰丽华，凭着一股执着的韧劲，终于在舞蹈世界里脱颖而出。她参加了不少舞蹈比赛，在舞台上跟音乐节拍配合得很好，使评委们压根都看不出她是一个失声的残疾人。

之后，她先后随中国残疾人艺术团走访 20 多个国家演出，纽约的卡内基剧院、意大利歌剧院等世界顶级的剧院都留下了她美丽的舞蹈倩影，她更是以其灵动的舞姿赢得了世界各国观众的赞赏。

2005 年，邰丽华获得了“感动中国”人物奖，当时的颁奖语是这样写的：“从不幸的谷底到艺术的巅峰，也许你的生命本身就是一次绝美的舞蹈，于无声处，展现生命的蓬勃，在手臂间勾勒人性的高洁，一个朴素女子为我们呈现华丽的奇迹，心灵的震撼不需要语言，你在我们眼中是最美。”

“其实所有人的人生都是一样的，有圆有缺，有满有空，这是你不能选择的。但你可以选择看人生的角度，多看看人生的圆满，然后带着一颗快乐感恩的心去面对人生的不圆满。”正是因为邰丽华这种积极乐观的、波澜不惊的人生态度，将她一步一步地推进世界人们的视界，使其获得了一个又一个令人无比崇尚的至高荣誉。

邰丽华，是在用生命跳舞，用智慧生活。她不仅在舞台上塑造出了像“千手观音”这等经典的舞台形象，在生活中，她也塑造出了自信、优雅、冷静、淡定、成熟、稳重的高贵典雅的成功女性形象。

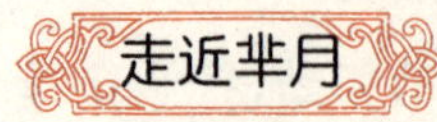

走近芈月

心中时刻有阳光，世界才不会变黑暗

楚威王的离世，使芈月的世界变得一片黑暗，她顿时从一个备受宠爱的小公主变成一个流浪的“野孩子”。

秦惠文王的驾崩，使芈月充满希望的天空坍塌了一大半，她跟儿子嬴稷失去了人生之中最大的依靠。

她与义渠王所生的两个孩子被一场瘟疫夺去了宝贵的生命，芈月的人生布满了乌云，白发人送黑发人的那种无声的痛，充斥着她的整个生命。

其实，在芈月那叱咤风云的一生之中，并没有我们后人所看到的那么"圆满"，很多时候，她甚至看不到阳光，完全被黑暗所笼罩着。

然而，出现在政治舞台上的她，永远都是那么意气风发，那么明亮照人。

为什么？因为她心中时时刻刻都拥有着阳光，她时时刻刻都不让黑暗蒙蔽自己的眼睛，永远让自己活在阳光灿烂之中。

就算被楚威后赶出楚宫，一直过着东奔西走的漂泊生活，她也不悲观、不失望，始终微昂着头望着蓝天大踏步地向前走。

就算嬴荡当上了新王，并未下令接她们母子回宫，她也不愤怒、不记恨，始终相信终有一天她们母子会有离开这苦寒之地回秦国的机会。

就算她辛辛苦苦怀胎十月所生的孩子夭折了，她也并未过度伤痛，并未忘了自己最初的梦想，依然站在大秦的朝堂之上运筹帷幄，兵指沙场，因为她相信，统一天下的千秋伟业必然会由大秦来实现。

人生不可能总是顺心如意的，但只要我们一直朝着有阳光的地方走，希望就会在前方，黑暗就会躲在身后。

芈月的故事

六国不灭，受形势所迫撤销帝号

函谷关一役之后，具有统一天下之雄心壮志的秦国沉寂休整了一段时间之后，便又挑起了战火，芈月重用猛将一雪前耻，重振了秦国的雄风，秦昭襄王想要称帝的心开始蠢蠢欲动了。

芈月受秦惠文王称帝之心所影响，一直以来，也都很想看到秦国统一天下，但她并非是一个急进之人，她对整个战国时局的把控非常精准，她觉察出了秦昭襄王的异动，知道他很快便会部署称帝事宜，故找了个机会劝阻他。

芈月苦口婆心地对嬴稷说："虽然此时燕、赵、魏、韩等四国暂时还不是我们秦国的对手，只有齐国能跟我们秦国分庭抗礼，但我们只有把齐国打败了，然后把其他几国也灭了，才有足够的实力去称帝。如若不然，一旦我们此时称了帝，必然会遭到其他几国的联合攻伐，到时秦国便会陷入极大的危机之中。所以，六国不灭，实难称帝啊！"

嬴稷虽然觉得芈月说得有道理，但是又实在不愿久等，故想到了一个在他看来算是两全其美的办法，那就是邀请齐王一同称帝，如果其他各国不满而联合作战的话，至少也要兵分两路来攻打秦国和齐国，这样一来，秦国的危机便减半了。

齐王表面上接受了秦昭襄王一同称帝的建议，但心里却另有谋划。就在秦昭襄王称帝当日，齐国联合了其他五国来伐秦！而义渠王也欲参与其中，以报复芈月因失去两儿而断了跟他的联系。

面对如此严峻的形势，秦昭襄王真是焦急万分。芈月虽然也很焦急，但是她并未方寸大乱，而是保持冷静，认真地思考对策。

最后，为了不让义渠王率军加入五国联军攻打秦国，芈月亲手毒死了他。之后受形势所迫，她强行让秦昭襄王撤销了帝号，分别与楚、燕两国结盟重修于好，主动把之前强占韩、魏两国的城池悉数归还，成功解除了秦国的此次大危机。

没有拆不了的局，没有解不开的难题，只要我们不放弃、不退缩。

芈月生存智慧：心存希望，每一天都是崭新的

生活是一条路，一条延伸着人生足迹、延伸着人生希望的路。

生活是一团火，一团燃烧着人生经历、燃烧着人生未来的火。

生活是一幅画，一幅勾勒着人生梦想、勾勒着人生憧憬的画。

走在人生的征途上，需要随身携带的东西很多，其中有一样，你甚至要用生命来保护，那就是希望。

人生不如意事之十有八九，但只要我们心存希望，便会走出崭新的每一天。

人生道路坎坷崎岖何其多，但只要我们一直坚持，便会走出越来越宽的路。

希望是孕育生命的种子，可以在任何地方任何环境下生根发芽。只要你还抱有希望，生命便不会枯竭，生活就不会过得太苦。

活出芈月的风采：居里夫人，把一生都献给了科学

玛丽亚·斯克沃多夫斯卡-居里，通常被称为玛丽·居里或居里夫人。

居里夫人是波兰裔法国籍女物理学家、放射化学家。她开创了放射性理论，发明了分离放射性同位素的技术，并发现了两种新元素钋(Po)和镭(Ra)。而且在她的指导下，人们还第一次将放射性同位素用于治疗癌症。此外，居里夫人还是巴黎大学的第一位女教授，是人类历史上第一个两度获得诺贝尔奖的人，一次是获得了诺贝尔物理奖，一次是获得了诺贝尔化学奖。

居里夫人把自己的一生都献给了科学，把毕生的精力都用在了科学研究上。

那一年，居里夫人和丈夫获得了一吨可能含有镭的工业废渣。当时还没有人能够提炼出纯净的镭，更没有人愿意从一堆只是可能含有镭的废渣里去提炼，只有她和她的丈夫相信，“可能”就说明有希望，有希望就不要放弃。

所以，他们夫妇二人在院子里支起了一口锅对这堆工业废渣进行冶炼，将冶炼出的东西送到化验室进行溶解、沉淀和分析。当时，他们的化验室只不过是一个废弃的、曾停放过解剖用的尸体的破棚子而已。

居里夫人不怕被辐射，不怕被腐蚀，每天都在烟火缭绕的环境下搅拌着锅里的矿渣，在一个废弃的破棚子里做实验，不管身上、衣服上留下了多少酸碱的烧痕，也不管这样的工作多么艰难，她都咬着牙坚持着，她相信镭一定会出现，他们一定会提炼出纯净的镭。

科学的道路从来都不是平坦的。纯净的镭在之后的很长一段时间里都没有出现，而慢慢被发现的镭射线已于无声之中侵蚀着居里夫人的肌体，使她美丽的容貌慢慢消逝，使健康慢慢远离她的身体，她开始眼花了，耳鸣了，四肢还感到很乏力。

在这样的情况下，很多人都劝居里夫人不要再继续了，别说废渣里没有镭了，就算有，等她提炼出来，她也失去了最重要的健康或是生命。然而，居里夫人还是坚持要提炼下去，她觉得，镭射线已然出现了，那么距离提炼出纯净的镭也就不远了。

四年时间，居里夫妇整整花了四年时间，不分寒暑，不论昼夜地努力提炼，终于在1902年从7吨沥青铀矿的炼渣中提炼出了0.12克纯净的氯化镭，同时还测出了镭的原子量为225。镭的发现从根本上改变了物理学的基本原理，对促进科学理论的发展以及在实际应用中都有着十分重要的意义。后来，在居里夫人的指导下，镭还成为了治疗癌症的有力手段。

成功离我们其实并不是很遥远，只要我们心存希望，终有一天能够品尝到胜利的果实。

楚威后

芈月

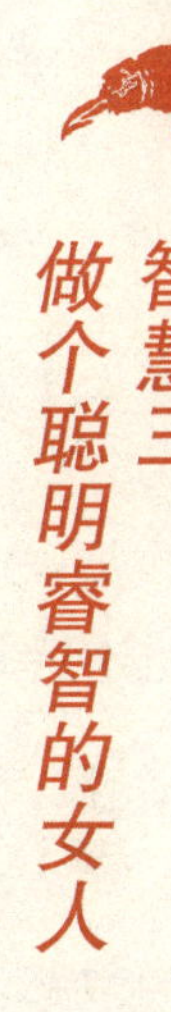

智慧三：做个聪明睿智的女人

芈姝说：「你没有名分就没有地位，就没有在这世上立足的根本。」

命运如磨盘，用聪明才智方能磨出美丽精彩的人生。

作为女人，拥有青春和美貌固然好，但如果能同时拥有睿智，那么就更具有魅力了。

聪明的女人，会善待自己，让自己活得自在，活得快乐；睿智的女人，会从容地面对生活，积极地面对人生，知道自己追求什么，想要什么，能要什么，而且还知道"适度原则"。

聪明的女人，有自己的品位、自己的喜好，不因某一个人而改变，也不因某一件事而改变；睿智的女人，富有真知灼见，身上会独带一种与众不同的气质和吸引力，且温柔中不失刚强，柔软中又不失坚韧。

时间可以带走女人的青春和美丽的容颜，却带不走女人历经岁月积淀之后所焕发出来的魅力。的确，女人单单拥有美丽还不够，还需要用聪明和睿智来"武装"自己，使自己更具魅力，更具吸引力。

努力做个聪明睿智的女人吧，让知性和善良永伴我们左右，使我们魅力长存，美丽永存。

1

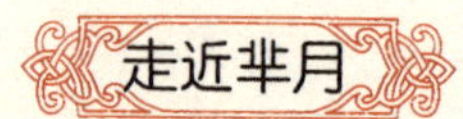

梦想和智慧之源泉，一直在她身体里流淌

梦想和智慧之源泉，一直在芈月的身体里流淌。

芈月一直都有个梦想，那就是嫁给一个自己所爱的人，幸福快乐地过一生。不过可惜，她生命中所遇到的三个男人，都无法帮她实现这个梦想。

一个人爱她，也想要与她百头偕老，但是却由于各种阻扰，无法娶她，那个人就是春申君黄歇。

一个人很疼爱她，但他的宏愿远比爱人来得重要，为保国家的稳定，他可以牺牲芈月，这让芈月又爱又恨又无奈，那个人就是秦惠文王。

一个人近乎用全部的生命来爱她，但是他霸道，他想要芈月的全部，要芈月放弃做秦国宣太后跟他回义渠，芈月怎么可能放下秦国的江山与他远走高飞呢？那个人就是义渠王。

芈月是个十分具有智慧的女子，当她得知自己在情与爱上无法获得圆满，无法得到自己想要的幸福时，她就不再为此而纠结，在嫁给秦惠文王之后，便另寻新的梦想，那就是实现秦惠文王一生的宏愿——一统天下。

为了实现这个新的梦想，芈月付出了毕生的心血。

她入燕为质，在苦寒之地悉心栽培嬴稷；她大开杀戒肃清障碍，将嬴稷推上秦王之位；她联楚弱楚，甚至向楚怀王献身，以换来大秦的不断强大；她起用良将，兵指沙场，攻伐各国，强占领土；她向魏、齐、楚等国割地求和，以换取时间让大秦休养生息；她逼秦昭襄王嬴稷撤销帝号，以求各国停止讨伐秦国；她诱杀自己深爱的人，以保秦国的长久安定……

虽然芈月在有生之年没有看到秦国一统天下，但是她执政的几十年，为日后秦始皇统一中国打下了坚实的基础。

得君恩宠，适时推荐魏冉入秦军

芈月一入秦国为妃，楚国就出兵了，楚秦两国联兵伐魏，胜利的号角已然吹响。而齐国去攻打一个小国，若攻下了必然会威胁到燕、赵两国，这两国为自保，不敢再跟秦国作战，自觉退兵，五国围秦的危机便解决了。

秦惠文王对此十分高兴，觉得芈月是秦国的福星，故对她更为宠爱。

聪明的芈月便抓住这个良好时机，向秦惠文王提出要赏赐，秦惠文王便问她想要何赏赐。

魏冉随芈月入咸阳有些时日了，每日都无所事事地闲逛，芈月真的很担心他又闹出点什么事来，加上她也希望魏冉将来能够在秦国有个一官半职，跟她互相有个照应。于是，芈月便向秦惠文王极力推荐骁勇善战的魏冉入秦军军营锻炼锻炼。秦惠文王毫不犹豫地答应了。

芈月在推荐了魏冉之后，又举荐了她同父同母的弟弟芈戎和表弟向寿，慢慢地把自己信任的人安插到秦惠文王身边为官，为她将来推举自己的儿子嬴稷为新王打下了坚实的基础。

秦惠文王如此宠爱芈月，其实还有一个原因，那就是芈月非常睿智，她对战国时局非常了解，时常陪伴秦惠文王处理军政事务，有时还会给他提出一些处理意见和建议。

芈月为什么会对战国时局如此了解呢？那是因为芈月在相国张仪送自己进秦宫时曾问过张仪有关秦惠文王的喜好，张仪把秦惠文王的宏伟大计和毕生宏远告诉了她，她当时就想，既然她所要嫁的夫君有如此大的志向，她身为他的妻妾，自然要大力相助，故一有空闲便研读兵书兵法，分析战国时事，有时还会去向张仪打探消息。为成为秦惠文王的“贤内助”，芈月付出了很多心血，这也为她日后主政秦国打下了良好的基础。

每个后宫的女人，都会很在意自己的封号。芈月也是如此。但是在未生下嬴稷之前，就算自己尽得秦惠文王的恩宠，她也只字不提要封号的事。之后，她生下了嬴稷，对于秦惠文王赐她“芈八子”的封号，她虽然不是很满意，但也从未在秦惠文王面前表示过半点的不满。

不得不说，芈月确实是个聪慧之人，不仅知道适时地举荐人才，同时还非常了解秦惠文王的脾性，知道什么时候该说什么话，什么时候不该说什么话，知道什么话该说，什么话不该说。

芈月生存智慧：于不经意之中绽放自己的光彩

不是每条河流都能够汇入大海的，不是每朵花儿都能够长在悬崖边的，成功的光环也不是人人都能拥有的。

没有人能随随便便就成功，但是成功的人却会适时地绽放自己的光彩，适时地赚取雷鸣般的掌声。

孔雀最美的时候，便是它开屏的时候。人类最美的时候，便是他尽情绽放自己的时候。

每个人都有其独特的存在，一味地将自己的才华隐藏，只会让自己的才能淹没在滚滚红尘之中。

大胆地展现自我的才华，将自己最美的一面释放出来，方能活出别样的人生。

勇敢地绽放自身的光彩，展示出真正的自我，方能充分体现人生的价值。

但有时候，锋芒毕露并不一定会获得掌声；有些时候，出尽风头也未必是一件好事。

真正聪明之人、睿智之人，收放自如，懂得何时该收敛，何时该绽放，懂得于不经意之中将自己的才华展示出来，于不经意之中将自己的光彩绽放出来。

这样的人，才会赢得漂亮，赢得精彩。

没有人注定是平庸的，也没有人注定是出色的。每个人都是自己的英雄，每个人也都有自己独特存在的人生价值，只要我们时刻准备着，一旦遇到合适的时机，就毫无保留地将自己最精彩的一面展现出来，必然能够笑傲人生，在历史的画卷中留下浓墨重彩的一笔。

活出半月的风采：史晓燕，善于根据时局变化调整战略的女俊杰

史晓燕，北京伊力诺依投资有限公司的董事长，一个善于根据变化了的时局调整战略的女俊杰。

史晓燕本来是一名薪水微薄的小护士，薪水虽不高，但贵在工作稳定，在当时还算过得去吧。

20世纪80年代的时候，我国掀起了一股“下海”热潮，很多机关干部都自愿放弃“铁饭碗”去冒险创业。这让史晓燕看到了国民经济的发展在蒸蒸日上，她要抓住这个机遇，为自己的未来另谋打算。所以，在1984年的时候，史晓燕从医院出来应聘到了一家外企工作。当时又掀起了一股“出国”的热潮，史晓燕便跟丈夫于1989年的时候走出国门到了新加坡居住。

初到新加坡，先生让她安心在家做全职太太，但她执意要闯出一番名堂来，因为她是一个有理想、有抱负且充满着无限智慧的新时代女性。所以，她不断地进行尝试，不断地积累国外工作经验。为了提升自己，她还特意跑到美国芝加哥惠灵顿学习室内设计。回国后她觉得自己底气足了，经验够了，便自信满满地开启了自己的创业之路。

史晓燕初次创业便选择了家具行业。因为当时家具行业在走上坡路，上升势头很足。不知道说她是幸运还是不幸，她接到的第一笔生意便高达300万美元，为某别墅区几百套房子提供家具。为了做好这桩生意，史晓燕竟然不惜高价从美国进口家具，结果可想而知，损失惨重！

史晓燕对此作了深刻的检讨，发现以我国当时的经济发展条件和国民收入水平来看，国产的家具要比进口的家具更有市场，于是她便根据此实际情况调整了战略思路，利用手上的部分余款投资建设了一座占地50余亩的家具厂，先是接一些修修改改的活儿，后渐渐发展成生产家具、进口家具，而且还在闹市区开了百余平方米的大卖场，创下了每月零售100万元的超高销售纪录。

之后在我国国民收入水平大幅度提高的情况下，史晓燕当机立断重金租下了一座破旧的工厂，将其改造成为 1 万平方米的家具卖场，全力打造“伊力诺依”家具品牌，走全方位的“国际化”路线。

史晓燕确实是一个身体里流淌着梦想和智慧之血的女俊杰，懂得随时根据时局的变化调整自己的发展战略和经营战略，使自己一手创办的“伊力诺依”产品脱颖而出，一跃成为北京著名的家具品牌，而她自己的人生也因“伊力诺依”而翻开了新的一页。

2

走近芈月

善于选择与放弃，用平衡的心态去为人处世

如果芈月没有选择作为联姻工具嫁入秦国为妃，那么她将永远都只不过是云梦泽上的一个采茶女，永远也不可能登上秦国宣太后的宝座。

如果芈月没有选择跟义渠王在一起，那么秦国和义渠必然会在战场上斗个你死我活，秦国也不会每次遇到危难之时，义渠王都会带兵前来相助。

如果芈月没有将自己的亲信安插在秦军之中，那么在王位争夺战中，嬴稷便很难胜出，如此的话，他跟母后芈月必将会被惠文后斩草除根。

如果芈月没有将自己当成礼物献给楚怀王，那么她的联楚弱楚之计便不会实现，那么秦国也不会由弱变强，之后还一统天下。

如果芈月没有接受魏冉的建议起用白起这个骁勇善战的将领，那么函谷关一役之后，秦国重振雄风之宏愿必将难以实现。

如果芈月没有狠下心去攻伐母国楚都，那么她将到死都不可能再回到故土，只能老死在异乡。

当然，芈月做出这样的选择，必然要放弃和牺牲一些东西。

只有放弃对初恋情人的依恋，才能安心嫁入秦国；只有放弃对夫君秦惠文王的惦念，才能对义渠王动真情；只有牺牲无数人的生命，才能铺就帝王路；只有牺牲自己的美貌，才能换得联楚的大好时机；只有放弃对新将领的无限担忧，才能作到用人不疑、疑人不用；只有抛开对母国的眷恋，才能专心攻打，以完成强秦一统天下的伟业。

有得必有失，用平衡的心态去做选择，才能作出最优的决定。

有失也必会有得，用平衡的心态去为人处世，才能收获巨大的成就。

芈月的故事

商讨伐魏、韩两国，择优而攻，务求必胜

秦国在函谷关一役后割地求和，芈月对此深为痛心，但过去之事多说无益，就让其随风飘散吧，未来之事才是她所要操心的。

为了获得万里疆土的统治大权，秦国必须要再树旗帜征战各国，只有把六国灭了，秦王才能称帝，秦国才能一统天下。

为此，芈月找到了一个合适的时机欲讨伐魏、韩两国。然而，以秦国当时的实力，同时征战两国，势必会削弱自身的实力，但是若二者只取其一来攻打的话，芈月又不甘心，而且也不知道

该选哪一国来攻打。于是，她召集众大臣来共同商讨。

部分大臣认为，秦国虽曾遭受重创，但在休养生息了一段时间之后，可以冒险挑战一下，兵分两路同时攻打魏、韩。如若都成功了，便可继续驱兵再战其他国家，一鼓作气，重树大秦的威武；若其中一路失败了，还有另一路做补充，两条战线，相互平衡。

可是，芈月却忧心："如果两路兵马都不敌呢？"众大臣沉默了。

"这一战，只许成功，不许失败！不管我们是兵分两路攻伐也好，还是只取其一攻伐，总之，要有必胜的把握才能出兵！"这是芈月对此次攻伐的最基本的要求。

这时，魏冉提出："还是只攻打一个国家吧！此战非同小可，不宜将战场拉得过大，为求必胜，我们可避开魏国攻打韩国。"因为魏冉认为，魏王身边有个颇有才干的信陵君魏无忌，若去攻打魏国的话，此人必会多有刁难，相较之下，攻打韩国的胜算会大一些。

芈月接纳了魏冉的建议，深思了片刻道："这一战关乎我大秦的未来国运，务必要准备妥当才能出发。"

于是，芈月和众将领精心谋划，设计了一个攻打韩国的最佳战略，即以迅雷不及掩耳之势去突袭韩国。但为确保万无一失，芈月也给秦军留了后路，即留一部分兵力在蓝田相守，倘若攻打韩国的前方大军败了，或许还可以靠这留守的兵力来以少胜多。

在作战的过程中，由于韩兵根本就不惧怕秦国，誓死抵抗，反而是秦军长途征战，加上兵力又明显少于韩国，打得非常吃力，苦苦奋战了一个月也未能吹响胜利的号角。

这时，芈月又走了一步险棋，让秦昭襄王下了一道紧急军令：若十日内拿不下新城，向寿和白起提头来见。这明显激起了秦军将领的高昂斗志，一举攻下了韩国的三座城池。

其实，在此战开始之初，芈月心里就已经盘算好了：若是胜了，必然会奖赏将士；若是败了，一定要忍痛处死领军的将士，以示"赏罚分明"。所以，在紧急关头，芈月才会下那么一道军令，这便是芈月平衡军政事务的最佳做法，在舍中求得，在得中去舍。

芈月生存智慧：择优而选，学会灵活变通

坚持不懈确实能带来成功，但不切实际地一味执着，只会让人走入死胡同。

我们要学会变通，很多时候都不能一条路走到底，在适当的时候要学会拐弯。

我们要懂得取舍，很多时候鱼和熊掌不能兼得，也不能同时看到硬币的两面，这时我们就要学会根据实际情况择优而选。

选择是一种生命的常态，上一次选择的方向便决定了下一次选择的方向。如果发现自己上次的选择错了，那么就要及时地调整到对的方向，将损失减到最低，如若一直坚持往错的方向走下去，南辕北辙，坚持得越久，失败得越大，甚至会败得再无翻身之日。

有一种愚昧无知叫作"明知是错误的却还要坚持去做"。如此的话，前进便是退步；反之，退步即是进步。

我们都不愿做愚昧无知之人，我们都想要进步，所以，我们都要学会灵活变通，学会择优而选。

活出半月的风采：索尼娅·甘地，用良心发声的印度女政治家

索尼娅·甘地，是印度前总理拉吉夫·甘地之妻，一个用良心发声的女政治家。

因拉吉夫·甘地遇刺身亡，印度政局发生了很大变化，国大党的影响力不断下降并失去了执政党的地位。为了利用甘地家族的威望重振国大党，该党一些要员邀请索尼娅·甘地加入国大党，并推举她任国大党主席。

国大党在 2004 年印度第 14 届人民院大选中获胜，索尼娅·甘地因此被推为总理候选人。在选举的过程中，支持她任总理的人占绝大多数，但还是有少部分人以她是意大利人而非印度人而提出反对的声音。

尽管后来选举的结果在国大党的意料之中，索尼娅·甘地很可能会成为印度历史上第一位非印度裔的领导人，然而，索尼娅·甘地最终却主动提出弃权。

“我必须谦卑地放弃总理职务。”57 岁的索尼娅·甘地大声地对国大党国会议员说，“这是我发自内心的声音，这是我的良心。”

索尼娅·甘地为什么要选择放弃总理职务呢？难道真的是因为曾担任过印度总理的婆婆和丈夫都死于暗杀，而她害怕自己一旦担任了总理一职将成为新的暗杀对象吗？其实不然。真实的原因是她担心她这个外裔媳妇执意出任总理一职的话，不仅自己会遭到人身攻击，而且还有可能会造成国家分裂以及破坏印度当时良好的经济发展势头的严重后果，作为甘地家族的一员，她绝不希望成为分裂印度和破坏印度经济发展的“罪人”。所以，她明确表示，她不会担任总理一职，当总理并不是她的梦想，她的梦想是为印度建立一个稳定的政府。

索尼娅·甘地此举获得了世界人民的一致好评。这是一个高尚的行为，不仅有助于保持新政府的稳定，同时也增强了她在党内的影响力。

2013 年 8 月 20 日，美国《福布斯》杂志评出了全球最具影响力的 100 位女性，身为印度执政党主席的索尼娅·甘地位列第三。

3

走近芈月

为自己而活，学会倾听自己心底的声音

身为秦国的宣太后，身系整个秦国的发展与稳固，她，芈月，能够为自己而活吗？

“能！”一个响亮的声音响彻秦国的天空，响彻中国历史的天空。

秦惠文王驾崩之后，芈月身处燕国，身边不乏追求者，其中也包括义渠王。

义渠王对芈月的感情，深之又深，芈月是知道的。每一次芈月有难，义渠王都会奋不顾身地前来为她解围，芈月对他自然也就慢慢有了感情。所以，在众人诧异的目光之下，芈月接受了义渠王的感情，并且为他生下了两个儿子。

尽管这遭到了嬴稷的大力反对，也遭到了宫中各大臣的非

议，但是芈月依然坚持自己的决定。

“女人可以让天下臣民臣服，可以拥有天下，为什么就不能拥有爱自己和自己所爱的男人呢？”芈月如是说。

后来，受形势所迫，芈月不得不亲手结束了义渠王的生命。但她并未因此而孤独终老。

在芈月晚年的时候，她的身边出现了两个男子，一个叫魏丑夫，一个叫甘士。

魏丑夫是真的爱芈月的，也是铁了心要一辈子侍奉芈月的，他对芈月的照顾简直是无微不至，芈月对他也是交了心的，将她心底所有的念想都告诉了魏丑夫，可以说，魏丑夫是她这一生中最知心的伴侣。

甘士，一个因长得像义渠王而被芈月收编入宫的人。他是一个狗仗人势之人，仗着有芈月撑腰，在秦宫里耀武扬威，最后因犯了错而被嬴稷正法。芈月对他是又爱又无奈，不过他终究只不过是义渠王的替身，故他的死，对芈月来说并非是一件伤心之事。

芈月虽然政务繁忙，责任也极其重大，但仍不忘倾听自己心底的声音。

女人再强大，再有担当，也不能忘了自己，要学会为自己而活。

敢爱敢恨，对爱绝不妥协

春申君黄歇怎么也不会想到，他一直心心念念的初恋情人芈月，日后竟然成为了秦国的宣太后，掌握着一国的发展命脉。

黄歇一直都很怀念当初那个在田野间天真烂漫地奔跑着的

女子。所以，他去秦国找那个女子，希望两人能再续前缘，携手共创未来。

说实话，芈月对黄歇一直都是有所期待的，不过这期待在她嫁入秦宫之前已然消逝。

她是曾经深深地爱过他，但是后来她对秦惠文王的爱盖过了对黄歇的爱。秦惠文王离去之后，她又被义渠王的真情所打动。所以，当黄歇重新出现在她面前之时，她知道，他们之间已然回不去了。

不过一直以来，芈月都非常赏识黄歇过人的学识与治国的谋略，也曾诚意邀请他入秦辅助秦昭襄王打天下，可是身为楚国忠臣的黄歇，断然拒绝了芈月。从此以后，两人成为政途上相生相克又相杀的"对头"。

就这样，在秦楚交锋之时，一向对楚国忠心耿耿的黄歇为保楚国两次入秦为质，与芈月斗智斗勇。那时的芈月对黄歇，或许心中不是一个"爱"或"恨"字能说得清了。

忠于自己内心的想法，敢爱敢恨，对爱绝不妥协。女人，不能为了男人而奋斗终身，但要为过上美好的生活而奋斗一世。

芈月生存智慧：勇于追求自己的幸福，别让不幸的婚姻困住自己

婚姻不是囚笼，不应困住女人的自由。

婚姻也不是围城，只准进不准出。

虽然世界上没有绝对的幸福，也没有绝对幸福的婚姻，但是每个人都有追求幸福和拥有幸福婚姻的权利。

没有人能保证一辈子不走错路，也没有人能保证一个男人会爱着一个女人一辈子。男人若是变了心，那就由他去吧，别让

一段变了味的感情腐蚀了自己的人生。

女人，一定要学会善待自己。

一段感情的结束，并不是生命的结束；一桩婚姻的失败，并不是人生的失败。

结束就结束吧，站在新的起点，重新起航。

失败就失败吧，站在新的十字路口，重新选择。

不幸终究会过去，幸福很快便会来临，勇敢地去追求自己的幸福吧！那个对的人，能够与你携手过一生的人，就在前方不远处，等着你。

活出芈月的风采：戴安娜王妃，拒绝丈夫亲吻的傲慢女子

戴安娜的美，无与伦比，不管是容貌，还是内心。她毕生至少参与了150项慈善活动，是不少于20个慈善机构的赞助人或主席。但是再美，她也美不过丈夫威尔士亲王查尔斯眼中的其他情人。

尽管查尔斯给了戴安娜一个盛大的婚礼，让无尽的华丽和璀璨包围着她，但却给不了她一个温暖的怀抱。

她的婚后生活，看似那么华美，实则一点内涵都没有，她总是独守空房，即使身怀六甲也得不到丈夫的半点关爱。

有人告诉戴安娜，若想跟查尔斯琴瑟和谐，就必须无条件地迁就查尔斯，毕竟两人的身份、地位还是有一定的差距的。

戴安娜确实想过要为查尔斯改变一些什么，但是夫妻要和睦相处，必须两个人都互相改变、互相适应、互相迁就，一个人唱独角戏，又怎么能够和谐呢？因为查尔斯不肯也不会费神为任何人改变原有的生活方式，所以两人之间有着太多不可调和的矛盾了。再则，查尔斯似乎从未跟他的旧情人断过联系，他之所以娶戴安娜，是因为他身为王储，肩上担着传承香火的责任，有着绝世容颜的戴安娜天真烂漫，应该能为他孕育出优异的下一代。

谁知，他的一个不成熟的决定，将戴安娜推向了人间深渊。

起初，戴安娜单纯地认为，查尔斯是深爱着她的，只不过是他的旧情人纠缠着他罢了。

然而，查尔斯一次又一次肆无忌惮地在她面前使用旧情人卡米拉送给他的礼物，这让戴安娜无比伤心和难过。

但她真正知道查尔斯并未爱过她是在她怀孕之后。当她拖着大肚子从阶梯上滑下来时，查尔斯竟然不闻不问，依旧兴致勃勃地外出打球。这让戴安娜彻底明白了，睡在自己身边的男人，他的心根本就不在自己身上，那么，她又何必执念于他呢？

尽管他们的长子威廉王子出生之后在一定程度上缓解了戴安娜跟查尔斯之间的关系，但这种良好的关系并未维持多久；等戴安娜生下他们的二儿子哈里之后，两人的关系彻底地破裂了。

戴安娜对这段婚姻不再抱任何希望了，她不愿意再跟查尔斯维持表面的恩爱关系，开始慢慢地抽身出来，过自己想要过的生活，爱自己想要爱的人。

1992年情人节那天，查尔斯和戴安娜一起出访印度，按照习俗，王子和王妃会献上一个情人节之吻以示恩爱。当查尔斯将嘴唇靠近戴安娜王妃的脸庞时，戴安娜任性地把脖子一扭，成功地拒绝了丈夫查尔斯“假装恩爱”的吻。

那一幕，引起了巨大的轰动。同年底，他们正式向外界宣布他们的婚姻出现了危机，二人已正式分居。

之后，戴安娜大胆地去追求自己的幸福生活，寻找真正爱自己的人。

每个女人都有追求幸福生活的权利，都有享受爱与被爱的权利。

4

走近芈月

你温柔地对待这个世界，这个世界才会温柔地对待你

芈月，一介女流，在风雨飘摇中主政秦国几十年屹立不倒，全赖她身边有几个誓死效忠她的亲信。

一个是她同母异父的弟弟魏冉，这是她最疼爱的一个弟弟。她几次三番救他于危难之中。有一次他差点命丧楚令尹朝阳手中，是芈月奋不顾身地把他从死亡线上拉回来的，为此，芈月差一点就赔上了一生的幸福。所以，魏冉对芈月言听计从，恨不得用自己的生命回报她的恩情。

一个是她的同胞弟弟芈戎。她跟芈戎在颠沛流离的生活中走散了，再相见时，芈月已是秦国的王妃，但深陷囹圄，芈戎奋勇相救，脱险之后，芈月便对他器重有加。芈戎本是浪荡之人，得芈月的赏识和推荐才得以在秦国为官，所以他对芈月这个姐姐感恩戴德，毕生为她所用。

还有一个就是她的表弟向寿。向寿跟芈戎从小一起长大，二人虽然并肩闯荡大江南北，但并未闯出个什么名堂。幸亏遇上芈月，在芈月的悉心栽培之下，他才能成为秦国的一位名将。他对芈月也有着深深的感激之情，故毕生驰骋沙场，只为助芈月

完成宏图大业。

有人说，芈月辛劳一生，只不过是为了助其孩儿嬴稷稳固江山。

芈月确实为嬴稷付出了太多太多。

为了推他做新王，她不知杀掉了多少反对者；为了帮他固秦强秦，她不知费了多少心思才想出“联楚弱楚”这条绝世好计；为了使他的秦国江山绵延不断，她甚至亲手把自己的爱郎义渠王杀死了……

正是因为芈月时时处处为嬴稷和秦国的江山着想，所以嬴稷心甘情愿地做秦国的“傀儡”王几十年，大秦的子民也对芈月敬重有加。

这个世界就是如此，你怎样对待别人，别人就怎么对待你；你怎样看待生活，生活就赋予你怎样的收获。

如果你温柔地对待这个世界，这个世界也必然会温柔地对待你。

芈月的故事

恩威并施，励精图治，弱国变强

战国时期，天下七国，各有千秋，不过实力还是有所差异的，其中，最为强大的当属秦国，其次是齐国，其他各国算是平分秋色吧。

秦国一直都想称霸天下，但碍于其他各国会有结盟之势，故不敢轻举妄动，即使秦昭襄王一时意气用事称了帝，结果还是因为时局动荡而不得不撤销了帝号。尽管如此，这并未削弱秦昭襄王要一统天下称帝的雄心，为此芈月冥思苦想了很久，最终提出了连横结盟共同对付他国的策略。

但是如何结盟呢？秦惠文王在位时，相国张仪以他那三寸不烂之舌曾多次游说各国与秦国结盟，可结果秦国却又以结盟为幌子来打击各国，尤其是楚怀王，被张仪骗了三次，故各国对秦国的诚信大为怀疑。所以，芈月这次再想连横结盟，恐怕是有点难了。为此，秦国的名将蒙骜提出了一个良策，那就是“恩威并施”。

当时秦国正在攻伐韩、魏两国，蒙骜建议狠狠地打它们，把它们打到求和为止，然后扮作大方，主动接受它们的求和条件，甚至吃亏一些，把从它们那里夺来的城池归还给它们，让它们对秦国表示感恩，最后趁机提出结盟的请求，它们自然不会拒绝。加上齐国如今就像是一只疯狗，四处攻打其他各国，尤其是对宋国“情有独钟”，频频出兵强攻宋国，秦国这个时候站出来明确反对齐国攻打宋国的话，楚国、燕国和赵国必然会摇旗支持，到时秦国派使者前去请求结盟，想必它们也不会拒绝。如若一切顺利的话，齐国便会被孤立了，到时便可联合各国出兵攻打齐国，胜算也就大大提高了。

芈月对蒙骜“恩威并施”的策略表示满意，秦昭襄王也大为支持。情势的发展，也确实如蒙骜所预料的那样。

齐王的野心不输秦昭襄王，在成功攻入宋都之后举国欢庆，这引起了其他各国的不满，秦国便趁此机会暗中联络燕国，让其派兵去伐齐。当齐国被燕国打得兵力受损之时，秦国重拳出击，联合赵、魏、韩等国共同出兵伐齐，孤立无援的齐国哪里抵抗得了来自各国的“联合军”，败得一塌糊涂。从此，秦国便独占鳌头，成为当时最大的一个诸侯国，距离一统天下又近了一步。

芈月将自己毕生的时间和精力都用在了战略筹谋之上，所以，上天回报给她的是一个逐渐发展壮大的秦国。

芈月生存智慧：你若诚信待人，人必诚信待你

人不是孤立存在的，都是要与周围的人打交道的。

人与人之间打交道，最重要的便是诚信了。孟子曰："诚者，天之道也；思诚者，人之道也。"

诚信，不仅是一种美德、一种品质，更是衡量一个人品行优劣的道德行为标准。

诚信，不仅是社会运行的一个重要基础，更是一个地区、一个国家发展的灵魂。

它的存在不是单向的，而是相对的。

莎士比亚曾说过："如果要别人诚信，首先自己要诚信。"你若待人真诚，便会收获理解；你若待物真诚，便会收获成功；你若待己真诚，便会收获人生的价值。

打开自己的心扉，敞开自己的胸怀，真诚地对待身边的每一个人、每一件事吧！因为诚信是一件最美的外衣，一朵最圣洁的花朵，一把能够打开别人心灵的钥匙。

活出芈月的风采：宋庆龄，不是母亲却胜似母亲的慈祥祖母

宋庆龄，不仅是一个为中国人民的自由和解放、为新中国的建立和发展做出了卓越贡献的政治家，更是一个在国际上具有重要影响和崇高声誉的社会活动家。

她将自己无尽的爱奉献给了全天下的孩子们，在她从事政

治活动的半个多世纪中，她数十年如一日地关怀少年儿童的成长，为中国的妇女儿童福利事业奉献了自己毕生的精力和心血。

当年，日本帝国主义向中国发动了全面侵略战争，生灵涂炭，无数儿童遭受了空前的劫难，宋庆龄带领中国妇女界的名人志士发出了“欲救中国，必先救儿童”的呼声，建孤儿院、托儿所来收养难童。1938 年，宋庆龄通过保护中国同盟发起了为“战灾”儿童服务的运动，建立了中国战时儿童保育会收容难童。宋庆龄不仅自己投身于各种关爱“战灾”儿童的活动，同时还发动自己的亲姐妹宋霭龄、宋美龄一同加入关爱儿童的活动当中。抗战胜利后，宋庆龄把保盟改组为中国福利基金会，继续开展儿童服务工作，于 1946～1947 年间在上海先后创办了三所儿童福利站。

宋庆龄不仅为儿童事业的发展出谋划策、尽心尽力，还出资赞助。1951 年 9 月，她把自己荣获“加强国际和平”斯大林国际奖所得的 10 万卢布奖金全部捐赠给中国福利会，在上海建造了中国第一所妇幼保健院。之后的 1953 年，她又把自己所著的《为新中国奋斗》一书的全部稿费捐赠给了儿童福利基金会。

晚年的宋庆龄，虽然多种病痛折磨着她，但她依然不忘关注儿童的成长。病中的她听说她所创办的儿童艺术剧院有部分领导在坚持为儿童服务的方针上有所动摇时，她即刻提笔给儿童艺术剧院的领导写了两封信，让他们不要曲解和转变既定的方针，鼓励他们创作和演出更多更好的儿童剧，继续关注儿童的成长。

宋庆龄为推动中国儿童事业的发展，可谓是尽心尽力！她的真诚付出，不仅得到了全国人民的敬重，称她为“不是母亲却胜似母亲的伟大女性”，更得到了全天下父母和孩子的高度赞叹，称她为“中国儿童的慈祥祖母”。

5

走近芈月

做好人生的规划，结局才会圆满

说到对人生的规划，芈月绝对胜人一筹。

她最初是这么为自己的未来设计的，嫁一个所爱之人，做他的正室，与他生儿育女携手到老。可是要找到这样一个人，谈何容易？不容易之处在于，芈月要求这个男人不是一般的平民百姓，至少要有一定的家世背景，因为她不想再过颠沛流离或是寄人篱下的生活了。她的初恋春申君黄歇似乎完全满足她的条件，只可惜命运弄人，她跟黄歇情深缘浅，无法相守一生。

关于秦惠文王，按理说，嫁给他并不符合芈月欲做正室的要求，但是不管怎么说他都是一国之王，嫁给他不仅自己能享受荣华，还能提携自己的几个弟弟。所以，芈月不介意做联姻的工具而嫁入秦国。在成为秦王妃之后，芈月并未就此满足，而是用长远的目光看待事物的发展，为保自己秦王妃地位的稳固，想尽一切办法讨秦惠文王的欢心。为此，她做了几件事：一是不断研读兵书、军政时事，以求与秦惠文王有共同语言。二是淡化宫斗，尽量避免与惠文后和其他嫔妃正面冲突。即使被人陷害污蔑了，她也强忍着不反击，因为她知道秦惠文王不喜欢扰乱后宫且机心太重的女子。三是极力讨好秦惠文王器重的能臣，如相国张仪，使他们能够在秦惠文王面前替她美言，为将来推举自己的儿子登基作新王打基础。四是极力向秦惠文王举荐自己的几个兄弟入秦为官，为她将来主政打下坚实的基础。

尽管芈月步步精心设计，可结果还是不太尽如人意。秦惠文王至死也未把储王之位传给芈月的儿子嬴稷，对此，芈月极为不满。但幸好她早有准备，在新王嬴荡举鼎而亡之后，那些她曾经结交的大臣极力地推荐嬴稷为新秦王，最终芈月借助几个手握兵权的弟弟的力量，成功将嬴稷推上了秦王的宝座。

当上太后的芈月，为实现秦惠文王一统天下的夙愿，不知耗费了多少心力进行谋划，先是联楚弱楚，之后是恩威并施，再是合纵联盟……她简直就是把整个战国的时局发展谋划了一遍。结果，整个时局在大方向上几乎按照芈月所设想的那样发展，可以说，她几乎左右了整个战国中后期的时局。

芈月用心谋划，精心布局，最终完成了争霸天下这样一个历史使命。

芈月的故事

平定夺权之战，四贵归位

时光荏苒，转眼之间，芈月已到了花甲之年，而嬴稷也已步入了中年，完全可以独当一面了，他也开始慢慢着手提携新人，欲脱离芈月的掌控以夺回军政大权。

魏冉早就预料到了会有这一天，故在嬴稷开始打压、排挤芈月的爱将之前，他做了一些准备，即打着为秦国拓展土地之名不断地对外征战，以扩展自己的封地领土。且为了能够有实力与嬴稷抗衡，他欲将他跟芈戎和向寿三人的封地连成一片，一旦嬴稷不顾他们的甥舅关系欲对他们赶尽杀绝，他们便会联合起来反攻以求自保。

芈月明显感觉到了嬴稷和魏冉等人之间明争暗斗的气息，也大概猜到了魏冉这几年拼命地征战南北的真正目的，如若魏冉再继续下去的话，终有一天会被嬴稷以谋反之罪处死的。魏冉誓死效忠她那么多年，又是自己同母异父的弟弟，她怎么能眼睁睁地看着他往死路上走而不拉他一把呢？何况魏冉又是外姓人，这秦国的江山怎么也不可能会让外姓人持有的。

至于嬴稷，他是秦国的后代，这天下本来就是属于他的，他要拿回军政大权理所应当。如果她纵容自己的爱将跟他斗下去，结果只会让秦国陷入内乱之中。她怎么能让自己辛辛苦苦打下来的秦国江山因内乱而让其他各诸侯国有机可乘呢？

芈月在有生之年，是绝对不会让秦国由强变弱、四分五裂的。于是，芈月帮她这一生中最为在意的几个人作了一个人生规划，以姐姐的余威劝说魏冉等人回到自己的原封地上安度余生，以母亲的身份放权让嬴稷广纳贤良以助自己完成统一大业。

公元前 266 年，魏冉、芈戎等秦国四贵在芈月苦口婆心的劝解下同意“解甲归田”，不再领兵作战，不再争权夺利。至此，夺权之战终得以平定，秦国的军政大权也全部移交给了嬴稷，芈月也正式退出了秦国的政治舞台，让嬴稷一人主政。

芈月对于权力的把握精准到位，拿得起也放得下。可以说，她的政治人生从她在秦国的政治舞台上谢幕的那一刻起，算是画上了一个圆满的句号。

若想人生获得圆满，就要及早地作好人生规划。

芈月生存智慧：及早做好人生规划，别让迷茫吞噬美丽年华

谁不想有个别样的人生？
谁不想活出别样的精彩？
谁又愿意浑浑噩噩地过完一生？
谁又甘心迷迷茫茫地走人生的每一步？

有人将生命分为四个时期，即起步期、成长期、稳定期以及衰退期，但并不是每一个人都能够幸运地将这个几个时期走完。

生命有限，世事无常，谁也没有办法延长自己的生命，谁也没有能力让时间跑得慢一些，我们能做的，只有珍惜时间，爱惜生命，及早地做好人生规划，别让迷茫吞噬掉自己的美丽年华。

岁月不是拿来蹉跎的，人生也不是拿来迷茫的，及早地为自己的未来做打算，然后努力地去实现，这样的人生才会更出彩，这样活着才会更有意义。

活出芈月的风采：康多莉扎·赖斯，白宫里的“斗士公主”

1965年，11岁的康多莉扎·赖斯随父亲来到华盛顿，欲参观白宫时却因肤色问题被拒。当时赖斯就对父亲说：“虽然我现在因为肤色而被禁止进入白宫参观，但早晚有一天我会在那个房子里工作的。”38年后，赖斯不仅实现了当年的愿望，而且还成为白宫里的“斗士公主”——华盛顿最有权势的女人。

赖斯在被拒入白宫参观之后，为实现入白宫工作这个愿望，当即对自己的人生进行了严密的规划。

19岁大学毕业获丹佛大学政治学学位后，她用一年时间在圣母大学攻读国际政治学并获得硕士学位，接着到加州斯坦福大学攻读政治学博士学位，然后很快成为斯坦福大学政治学助理教授，并于1986年成为一名研究苏联武器控制的专家。1989年，34岁的赖斯出任乔治·布什总统的国家安全事务特别助理，成为有史以来美国政府中职位最高的黑人妇女。她利用自己这些年来所学到的知识帮助政府起草了大量关于地区性事务的政策文件，很快便得到了布什总统的赏识，成为他最信赖的顾问之一。

四年期满之后，赖斯辞去国家安全会议中的职务，进入胡佛研究院任高级研究员，之后还出任了斯坦福大学教务长，成为该校历史上最年轻的教务长，也是该校第一位黑人教务长。

“赖斯博士不仅才华横溢，而且在外交领域经验丰富。她是一名优秀的管理者，我相信她的判断力。”小布什非常欣赏赖斯，故悄悄地从老布什身边把她挖走了。

2000 年美国大选时，赖斯作为共和党总统候选人乔治·沃克·布什的首席对外政策顾问为其出谋划策。小布什当选总统后，任命赖斯为总统国家安全事务助理。总统国家安全事务助理不掌管任何部门，也不指挥任何部队，但却是早上第一个见到总统和在晚上最后一个离开总统的人，可见小布什是多么信任她和器重她。虽然赖斯在白宫有着“至高无上”的地位，但她并不高傲，待人总是彬彬有礼，故白宫里的同事给她起了“斗士公主”的外号。

2005 年 1 月，赖斯得以出任国务卿，成为继克林顿政府的马德琳·奥尔布赖特之后美国历史上第二位女国务卿。

芈月与黄歇

芈月与秦惠文王

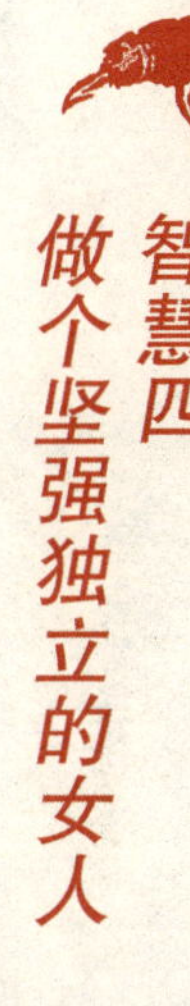

智慧四：做个坚强独立的女人

半月说：「你熬得过昨天，就过得了今天，去得了明天。」

坚强是人类进步的巨大推动力，独立是人类对自己最大的忠诚。

真正有魅力的女子，是自信坚强的，是独立自主的。

自信坚强的女子，懂得提醒自己，不自卑，不自负。

独立自主的女子，懂得欣赏自己，不骄傲，不自大。

当别人失落低迷时，自信坚强的女子不会落井下石，只会诚意地开解他人，给予他人最大的支持和鼓励。

当别人飞黄腾达时，独立自主的女子不会嫉妒眼红，只会真心地为他人喝彩，同时也为自己鼓掌，因为她们相信，终有一天，她们也会获得别人的喝彩。

女人，要有自己的事业，不一定轰轰烈烈，但求每天过得充实，过得快乐，过得有意义。

女人，要有自己独立的空间，不一定有多大、多豪华，只要能容纳自己的心，能给自己带来安全感就行。

女人，绝不能沦为男人的附属品，依靠男人的怜悯和施舍度日，一定要做一个坚强独立的女人，在自己仅有一次的生命里，活出最美的人生。

1

在仅有一次的生命里，活出最美的人生

没有人会想到，一个生于没落贵族的小姑娘，一个长于乡野之地的野丫头，竟然有一天能够成为高高在上的手握重权的秦国宣太后。恐怕当初，芈月自己也未曾想到吧？

芈月研读兵法，分析战国时局，一开始只不过是为了能跟秦惠文王有共同语言罢了，并未想过将来要把持朝政。她真正对秦国的朝政感兴趣，是在生下嬴稷之后。

惠文后对芈月生下一个公子颇为嫉恨，甚为担心这个初生的公子会抢去本属于她儿子嬴荡的储君之位，故更加狠毒地打压芈月。做了母亲的芈月，就算不为自己着想，也要为儿子的将来做打算。她不想自己的儿子跟自己一样备受惠文后的欺负，更不想将来同父异母的兄弟登上王位之后对嬴稷大开杀戒。嬴稷和自己能够在秦宫站稳脚跟，不受人欺负，唯一的办法就是嬴稷当上秦国的储君，而她当上秦国的太后。

芈月试探过秦惠文王的口风，得知年事已高的秦惠文王觉得嬴稷还小，不足以担起主持秦国朝政的重担，而嬴荡虽然比较鲁莽、比较武断，但是他做事干练，加之已然成年，故秦惠文王属意将储君之位传给他。

芈月哪里甘心什么都输给惠文后？她下决心一定要想办法让嬴稷登上秦王的宝座。为此，芈月是下了一番苦工夫的。她先是让自己的几个弟弟入秦为官，掌握兵权，然后又拉拢朝中大臣，获得他们对嬴稷的支持，最后在秦惠文王面前一展她的政治风采，多次为秦惠文王正确地分析战国时局，给秦惠文王提出了很多正确的战略决策，以助秦国成功攻伐其他国家，获得秦惠文王的欢心。

然而，秦惠文王最终还是没把储君之位交给嬴稷，因为他忌讳芈月的政治才干，担心年幼的嬴稷登基为王之后，芈月会干涉朝政，因此把她们娘俩送往燕国为质。秦惠文王的担心并不无道理，他的忧虑还是发生了。年少气盛的嬴荡登基之后没多久便举鼎而亡，芈月收买的众大臣极力推荐当时还在燕国为人质的嬴稷为王，魏冉等人还为嬴稷的登基肃清了障碍，将以惠文后为首的反对派们杀了个片甲不留，嬴稷终于在芈月多年精心培育下，成为秦昭襄王，芈月也跃身成为掌握朝政大权的秦国宣太后。

顶着“宣太后”的头衔，一心想要实现秦惠文王一统天下之宏愿的芈月，在战国中后期掀起了一场又一场攻伐战，攻占了各诸侯国的多座城池，肆意地扩张秦国的领土，务求把秦国变得强之又强。

可以说，芈月在她有限的生命里，活出了最美的人生。

芈月的故事

胆识过人，挟持楚怀王以控楚国

秦、韩、魏、楚、齐、燕、赵等“战国七雄”之中，原本秦、楚、齐为强者，但楚国在宣太后芈月的再三打击之下，已然没落，再无与其他六国抗衡之力了。而此时，赵国和燕国通过改革或是变法，日渐强大起来，虽然未能够与秦国和齐国相抗衡，但如若让这两国继续发展壮大下去的话，必然会给这两个强国构成威胁，故秦昭襄王欲先下手为强，兵分两路去攻打齐国和赵国。

芈月对此并不支持。她认为，秦国同时进攻两国，兵力分散不说，还有可能会遭受韩国、魏国和楚国联合起来在背后捅一刀。所以，当务之急，秦国要对已成为“落水狗”的楚国进行致命的一击，完全控制住它，夺取它那广博的土地、丰富的资源，以壮秦国国。

为此，芈月设计了“一击即中”这一策略。

公元前 300 年，芈月命芈戎、白起率十万雄兵以救魏之名出兵攻打楚国的襄城，他们采用“擒贼先擒王”的战略，将襄城的两名主将杀死，使得楚兵群龙无首、军心涣散，然后一举攻进城内，占领了襄城。之后，秦国士气大振，又一举攻下了楚国的八座城池。

本来芈月还想要秦军继续进攻楚国的其他城池，但因秦国的丞相嬴疾突然病故，秦朝一片哗然，为稳住内部朝政，芈月及时调整了战略决策，暂停继续攻城的计划，约楚怀王到武关再谈盟约之事。

楚怀王一下子失去了那么多座城池，也无心再与秦国抗衡了，故如约而至，他哪里会想到，芈月约他出来谈盟约，只不过是个幌子罢了。

芈月根本无心再与楚国结盟，她约楚怀王会面只不过是要进行一个大胆的计划，那就是挟持楚怀王逼其割地给秦国。各国君王对芈月这一做法大为震惊，想不到她一介女流竟然敢挟持一国之君，于是，个个都对芈月敬畏有加。

魏冉对芈月的做法也非常震惊，他问芈月为何会下这么冒险的一盘棋，芈月是这样回答他的："生命如此短暂，今日不知明日事，我们为何不在今日活出自己的最大可能呢？欲成大事者，就必然要敢于冒险！"

秦国有宣太后芈月这等有胆识、有魄力之人主政，怎么能不绽放出最耀眼的光彩而一统天下呢？

芈月生存智慧：珍惜有限的生命，活出别样的人生

生命只不过是一段旅程，在历史的长河中，每一个人都只不过是它的匆匆过客罢了。

不要总是抱怨时间飞快地流逝，不要总是感叹岁月无情，与其浪费时间去抱怨、去感叹，不如把握好自己有限的生命，努力去创造，奋力去拼搏。因为浪费时间，无疑就是在浪费生命。

达尔文说："生命，是自然付给人类去雕琢的宝石。"因为生命在于创造，奇迹永远都是人们用勤劳的双手创造出来的。

"最是人间留不住"的不是那转瞬即逝的美好，更不是那灰飞烟灭的功名利禄，而是那有限的生命。要想我们的生命之花开得更加的鲜艳，要想我们能够在有限的生命里活出色彩斑斓来，那么，我们就要学会珍惜生命，学会在有限的生命里，做无限的努力。

活出芈月的风采：桑德拉·奥康纳，我的天职就是捍卫宪法

桑德拉·奥康纳，美国联邦最高法院首位女法官，曾经被《福布斯》杂志评选为当今世界上最有权力的女人。

桑德拉在16岁高中毕业后顺利考入斯坦福大学，并以优异的成绩获得了经济学学位。之后，她继续在斯坦福大学法学院学习法律，在成为“优等生协会”的成员时认识了她的丈夫约翰·杰·奥康纳。毕业后桑德拉便嫁给了约翰·杰·奥康纳。

原本她的志向是当一名律师，但由于性别关系，很难在法律事务所找到工作，于是她便去做了加利福尼亚州圣马特奥县的副检察长。后来女权运动日益兴起，里根总统予选出一位女性法官以令共和党摆脱“性别歧视”的困境，有人推荐了支持堕胎合法化的参议员桑德拉·奥康纳，就这样，她顺利进入了美国最高法院，成为了当时唯一一位面向公众的女性大法官。

一个来自乡下的小女孩竟然能够成为联邦最高法院的法官，成为美国最有权力的女人，很多人对此感到好奇。其实，原因很简单，那就是桑德拉在十分孤立的牧场环境中成长，养成了独立自主、坚毅勇敢的性格，加之她学习成绩优异，聪慧、开朗，友善又不失强硬，所以得到了总统的信任而委以重任。

桑德拉任职期间，默默地守护着美国的宪法，对保障美国人权起了非常大的作用。美国最高法院经常以一票之差决定最重要的案件。很多时候，桑德拉都投出了非常关键的一票。1992年，她所投的关键一票帮助美国维护了最高法院于1973年所肯定的堕胎的合法性；2000年，美国总统大选，她所投的关键一票驳回了戈尔在佛罗里达州进行的重新计票的请求而最终让布什入主了白宫。所以，美国人民认为，她的存在，似乎就是为了捍卫宪法。

2005年，在美国最高法院服务了24年之久的已然75岁高龄的桑德拉正式宣布退休，原因是，她希望今后的日子能够有更多的时间陪伴在生病的丈夫左右。

从担任美国大法官的那一刻开始，桑德拉便在美国的历史舞台上绽放出了别样的精彩，活出了她人生之中最大的可能——手握许许多多重大案件最关键的一票。

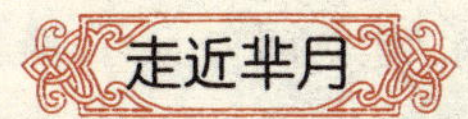

走近芈月

你若不勇敢，就没有人替你坚强

别人有父亲伟岸的身躯依靠，芈月没有，因为楚威王在她小的时候便过世了；别人有母亲温暖的怀抱相拥，芈月没有，因为她的母亲再嫁他人，根本就无暇顾及她；别人有兄弟姐妹可以相互依偎，芈月没有，她的两个弟弟虽武艺超强，但全都是靠她提携才能够在秦国拥有一官半职。

如若芈月不勇敢，如若芈月不坚强，就不会有人替她勇敢，替她坚强。

所以，芈月的韧劲就像是一根弹簧，越是被打压，越是被欺负，她就弹得越高、越坚强、越勇敢。

初入秦宫，她被惠文后关押在一间小小的不见天日的厢房里，惠文后欲折磨她、凌辱她，使她还未靠近秦惠文王便身心俱疲，然后又找机会把已然万念俱灰的她送出咸阳宫外，以使她此生都不能获得秦王妃之实名。

然而，芈月早就看穿了惠文后的歹毒用心，即使被关押失去自由，她也不曾屈服。她对惠文后说："有本事你就一直关着我，饿死我，不然有一天，我走出去了，你必将会为此付出沉重的代价！"被惠文后送出宫外三天之后，魏冉发现自己的姐姐无缘无故地在秦宫里消失了，故找到张仪，惊动了秦惠文王，秦惠文王找到惠文后处，才把芈月给救出来。

当时芈月已经有几日滴水未进了，但是她的精神状态还不算太差，这让秦惠文王诧异不已。真没想到一个娇弱的小女子，竟然可以忍受如此折磨，故对她心生怜悯之情，也对她格外地恩宠，使她生下公子嬴稷，教她政治权术……

当芈月终于抓住良机，同时亦排除万难戴上太后的后冠之时，更是完全将"孤儿寡母""一介女流"这等柔弱之词抛在了脑后。她像个铁血将军，兵指沙场；她像个霸权王者，舌战群臣……

芈月就是这样，像野草一样坚强地生长着，不仅扛起了照顾几个弟弟和几个孩儿的责任，更扛起了整个秦国奔向繁荣富强的重责。

芈月的故事

挈桑会盟遭暗算，镇定自若冷静面对

公元前 323 年秋天，秦国约齐、楚、魏三国在挈桑相会，欲与两大强国齐、楚订立盟约，对于实力稍弱的魏国，秦国想要逼它归附，为将来秦国进军中原打下良好的基础。

芈月知道秦惠文王想用她这个秦国的王妃来给相国张仪一

个保障，因为芈月是楚秦联姻的工具，一旦魏国不愿归附秦国而动起手来，楚国必然会因芈月"楚公主"的身份而站在秦国这一边保相国张仪和芈月之安全，所以芈月在秦惠文王未开口之前主动提出要与相国张仪一同前往挈桑参与会盟，秦惠文王欣然同意。

挈桑会盟上，楚令尹昭阳对魏冉杀了他的侄儿一事耿耿于怀，故对芈月百般刁难，暗讽她山鸡变凤凰，而且还挑衅地说，若知道芈月如此有风韵，当初便纳入其后房独享了。芈月和魏冉听罢都怒火中烧，魏冉甚至想动手教训楚令尹，但却被芈月拦住了。为了完成此次会盟之重任，她选择坚强隐忍，任凭楚令尹如何嘲讽她，她都不予回应，反而代表秦国给楚国和齐国送上金银珠宝，给魏国送上城池，以示结盟的诚意。

正当结盟之事进入深谈状态时，义渠王带着一路兵马杀了进来，魏冉一人难以敌众，跟张仪和芈月一同被义渠王给挟持了。

芈月等人远在挈桑被人挟持，即使秦惠文王知道他们身处险境又如何？远水救不了近火，他们只能自救。

芈月在被挟持之前观察了一下在会盟现场所有人的表情，她发现只有楚令尹昭阳毫无畏惧之色，所以猜测此事必是他安排的。楚令尹对她和魏冉恨之入骨，自然不会轻易放过他们姐弟俩，故芈月对张仪说，一旦有机会便逃出去，回到秦国之后替她照顾好她的孩儿，助秦惠文王打江山，千万不要顾念她和魏冉，否则三个人谁也逃不出去。芈月交代张仪的话被义渠王听到了，义渠王很震惊，秦王妃芈月一个如此娇小的女子，竟然镇定自若地面对如此凶险的情景，不由地对她心生敬佩。

之后，芈月更大胆地向义渠王提议，让他放了魏冉和张仪，只留她一个人做人质。义渠王再一次感到震惊，芈月自己都已经是砧板上的肉了，居然还敢提条件，这让义渠王不得不更进一步佩服芈月了。

正当芈月竭力说服义渠王放了张仪和魏冉时，突然有两个人制服了外面的义渠兵闯了进来，其中一人跟义渠王打成一团，另外一个人便趁机帮芈月、魏冉、张仪三人解开绳子。芈月这才看清楚来者：一个是她同母同父的弟弟芈戎，一个是她的表弟向寿。

在芈戎和向寿的营救之下，芈月、魏冉等三人顺利从义渠军营逃回了秦国。

这是芈月第一次跟义渠王接触，义渠王深深地被这个果敢的女子给吸引住了。

芈月就是这样一个任何时候都镇定自若、不慌不乱、坚强勇敢的奇女子。

芈月生存智慧：跨越苦难，筑起一座坚强的心灵城堡

苦难是人生最宝贵的一笔财富，是成功不可或缺的一道“原材料”。

苦难是人生旅途中不可绕过的驿站，是成功道路上必然要攀爬过去的山峰。

没有经历过痛苦洗礼的飞蛾，永远也不会成为美丽的蝶。

不经历过苦难之人，永远也不会知道路之坎坷，意志之坚强。

在苦难面前，我们不仅要坚强地面对，还要勇敢地跨越。只有跨越苦难，才能筑起一座坚强的心灵城堡。

不管有没有人为自己喝彩，都要送给自己一个坚强的微笑。

不管脚下布满了多少荆棘，都要大胆地越过，相信平坦的大

路必然会在远方。

不管自己的笑声有多苦涩，都要大声地笑、爽朗地笑，让笑声把心中的阴霾给驱走。

活出半月的风采：叶卡捷琳娜大帝，掌控以男性为主的世界三十多年

在俄罗斯帝国历史上，只有两个皇帝获得了“大帝”的名号，一个是帝国的奠基人彼得一世，另一个就是叶卡捷琳娜二世。

在俄国人心目中，叶卡捷琳娜女皇是仅次于彼得大帝的一代英主。

叶卡捷琳娜为德意志一公爵之女，14 岁随母亲来到俄国，之后于 1745 年的一场政治婚姻中嫁给了俄国女皇伊丽莎白·彼得罗夫娜的外甥彼得三世·费奥多罗维奇。

彼得三世·费奥多罗维奇根本就不爱叶卡捷琳娜，竟然公然在叶卡捷琳娜面前跟情妇调情，甚至还时常羞辱叶卡捷琳娜。叶卡捷琳娜十分痛苦，但她告诉自己，没有人能解救自己，只有自己勇敢起来、坚强起来，才会有翻身的机会，才会有让彼得三世·费奥多罗维奇为对自己所做过的残忍之事付出代价的时刻。所以，叶卡捷琳娜坚强地忍受着，然后背地里组织了一个小团体为她将来夺权所用。

1761 年，女皇叶丽萨维塔去世，彼得三世·费奥多罗维奇继位，成为沙皇彼得三世。彼得三世上台之后采取的一系列行动使他渐失人心，叶卡捷琳娜二世便趁机发动宫廷政变废黜了彼得三世，自己登上了皇位。当上女皇的叶卡捷琳娜，大刀阔斧地进行内部革新，对外又积极作战以扩张领土：三次瓜分波兰，把克里木汗国并入俄国，打通黑海的出海口……她政绩卓越，治国有方，建立了人类历史上空前绝后的俄罗斯帝国，成为了当时世界上幅员辽阔的最大帝国的女主人。

叶卡捷琳娜二世统治俄罗斯帝国将近35年的时间，18世纪后半期的俄罗斯便是她的历史活动舞台。她统治时期，俄罗斯跨入了世界强国的行列，并因积极干预欧洲事务而被称作“欧洲宪兵”。

如若没有叶卡捷琳娜二世的勇敢隐忍、奋力抗争，俄罗斯断然不可能跻身于世界强国的行列。俄罗斯在后来19世纪所表现出来的强势，完全得益于叶卡捷琳娜统治时期所打下的基础。

3

走近芈月

在最深的绝望里，也要看到最美的风景

芈月毕生有过多次绝望的经历，其中有两次最为深刻。

一次是跟嬴稷被送往燕国为质，因燕国内乱，她跟嬴稷过着颠沛流离的生活，简直就是今日睡醒之后不知道明日会在哪里的状况，为此她很伤心，也很绝望。但是一路走下去，她看到了很多在秦宫里看不到的“景色”：一些遭受战乱的地方，父母为了能够让孩子存活下去，把孩子藏在自己身子底下以躲过屠杀，而自己却不幸罹难；一些年长点的孩子，为了让自己的弟弟妹妹不挨饿，把讨回来的食物全部分给弟弟妹妹吃，自己则默默地在一旁咽口水……

这些“风景”虽然看似辛酸悲惨，但在芈月心里，却是如此的“动人”，如此的“美丽”，因为它们显露出了人世间最珍贵的一份情——亲情。亲情，在深宫后院里，根本就微不足道，为了王位，为了荣华富贵，不知有多少亲兄弟相互残杀。芈月正是因为看到了这些，才深深地感悟到，亲子之情和手足之情是那么的宝贵，所以，她毕生都在为儿子嬴稷谋天下，毕生也都在为自己的几个弟弟谋利益。

还有一次就是在得知自己跟义渠王所生的两个孩子死于瘟疫之时。当时芈月肝肠寸断，她深深地责怪义渠王，同时亦深深地责怪自己，责怪自己这么多年来并未对两个孩儿尽过做母亲的责任。然而，再如何责怪，那两个孩子也无法复活，芈月深知这个道理，故用繁忙的朝政事务来麻痹自己，让自己忙得晕头转向，根本就无暇去伤心难过。

这一次绝望，也让芈月看到了生活中新的契机。因为跟义渠王之间失去了孩子这座联系两人关系的桥梁，她开始反思，反思她跟义渠王之间的关系，反思秦国跟义渠的关系，最终她反思出了这样一个危机：一旦她百年归老，秦国跟义渠之间便再无任何联系，那么，义渠断然不会再唯秦国马首是瞻。芈月了解义渠王，他也是一个有野心之人，他之所以一直跟秦国保持友好关系，完全是因为自己的关系。

为保秦国的江山千秋万代，秦国务必要对义渠下手。于是，芈月先下手为强，亲自结束了义渠王的生命，然后再大举进攻义渠，将义渠收归为秦国的一个郡县。

人生不可能时时充满希望，绝望也会时常有之，但我们不用害怕、不需担心，因为在最深的绝望里，还是能看到最美的风景的。

芈月的故事

嬴稷打猎久未归，苦寻无果陷绝望

入燕为质的芈月跟嬴稷经过了很长一段时间的流离，才在燕国一处偏远的山区里寻找到安定的住处。外面到处兵荒马乱，芈月跟嬴稷便安适其中，过着平淡的乡野生活。

那里环境优雅，芈月和嬴稷可借此避开战乱，但物资却很匮乏，简单的生活用品都需要外出带回，吃的青菜得靠自己开垦屋外或是山上的空地种植出来，想要吃肉的话，那就只能上山去打些小猎物了。

芈月跟嬴稷有着明确的分工，芈月负责种植青菜，嬴稷负责上山打猎，母子俩的日子过得还算安逸。

一日，嬴稷如常上山打猎，芈月在家操持家务。可是快到太阳落山了，也不见嬴稷归来，芈月有些着急了，便独自上山寻找。

芈月沿着上山的路一路寻去，都快寻到半山腰了，也不见嬴稷的踪影。芈月又累又急，恰巧那时遇到几个时常跟嬴稷一起上山打猎的孩子，芈月问他们知不知道嬴稷去了哪里，他们告诉芈月，他们确实是跟嬴稷一起上的山，但是在追赶猎物的过程中大家走散了。芈月听罢心里一惊，望着这漫山的丛林，她心里不知道有多害怕，害怕嬴稷出了什么意外。

于是，她让嬴稷的那些伙伴们跟她一同继续上山寻找，终于，在丛林深处的一个山洞前，他们发现了受了重伤的嬴稷。

嬴稷似乎是被野兽攻击了，满身是伤，血流了一地，芈月冲过去抱着已然昏迷的嬴稷，心中满是绝望。她真不知道她的孩子到底遭遇了怎样的危难，不知道她的孩子到底伤得有多重，是不是还能救得活。她多么害怕，害怕嬴稷就此昏睡过去，再也不会醒来，眼泪不由自主地哗啦啦流了下来。

不过，再怎么绝望也不能放弃嬴稷，放弃对嬴稷的救治，芈月带着哭腔让嬴稷的一个伙伴下山叫来了当地的村民帮忙把嬴稷抬下了山，然后找了大夫救治，算是捡回了嬴稷的一条命。

绝望之中隐藏着希望，绝望之中也隐藏着平日里难以看到的风景。

芈月从此次差点失去嬴稷的事件中看到了当地村民团结互助的精神，看到了他们朴实无华的一面，所以在今后的日子里，她与他们保持着良好的关系，即使有一天，她跟嬴稷不得不攻打燕国以完成统一大业，内心也还是希望能减少跟燕国的战争，让燕国的老百姓少受战乱之苦。

芈月生存智慧：在绝望中寻找希望，在绝望中创造奇景

当明天的太阳升起时，你将忘记昨晚的电闪雷鸣。

当胜利的果实跃然于眼前时，你将忘记一路的曲折颠簸。

当平坦的大路一路延伸向前时，你将忘记一路的泥泞坎坷。

黑暗不是灵魂栖息的天堂，绝望也不会是人生的终点。

我们不能因为一时的绝望，就看不到希望，找不到未来，不相信内心可以很强大的自己。我们不能因为一时的挫败，就失去信心，失去坚持下去的勇气，失去站起来的正常能力。

没有谁总是幸运地被希望所包围，也没有谁总会幸运地不与绝望不期而遇。

既然人生中不可避免地会与绝望相遇，那么我们就要学会在绝望中寻找生机，寻找希望，要学会在绝望中创造希望，创造生命的奇景，创造美好的未来。

活出芈月的风采:希拉里·克林顿,创造了很多个“第一”的美国第一夫人

希拉里·克林顿,美国历史上学历最高的第一夫人,舆论普遍认为她是美国历史上最有实权的第一夫人。

希拉里在攻读法学博士学位期间结识了后来成为美国总统的克林顿。希拉里比克林顿早一年毕业,因才华出众受到民主党关注而被招揽进国会参加对尼克松总统“水门事件”的调查工作。

在嫁给了克林顿之后,希拉里进入了美国著名的罗斯律师事务所工作,曾两次当选全美百名杰出律师,收入一直都高于还未成为总统的克林顿。1993 年,希拉里随克林顿入主白宫,成为美国历史上学历最高的第一夫人,被任命主持健保改革计划。但是,希拉里的改革方案并不受欢迎,加上她在克林顿竞选总统时曾说过“她不会做个在家里烤甜饼的男人背后的小女人”这样一番话,她的个人作风遭到抨击,这使她的个人形象遭受到了一次大危机。

那时,她感到了前所未有的绝望。在很长一段时间里,她真的不知道今后的路到底该如何继续走下去,于是,她被迫蛰伏。但是,很快她就因克林顿的丑闻再次出现在公众的视野之中。

克林顿被指与莫尼卡-莱温斯基有染,之后媒体又炮制出各种与克林顿有关的花边新闻,使希拉里的家庭生活成为了几十亿人的笑柄,希拉里的尊严也被践踏得一丝不剩。面对这场突如其来的灾难,希拉里也曾绝望过,但是要强的她怎么能让人看到她悲伤哭泣的脸呢? 权力的竞技场是不相信眼泪的。她不能就此被打败，她要在绝望中寻找希望，要在绝望中创造奇景。

于是，她在人们或同情或唾弃的目光中高扬起她那尊贵的头颅，先是宣称跟克林顿的感情一切如常，后把一家三口相亲相爱的画面传遍全球，用实际行动与克林顿一起来共同面对政敌的各种攻击。

同时，她也不忘继续在美国政界中行走。2000 年 2 月，还未离开白宫的希拉里宣布参与竞选纽约州参议员，成为美国历史上第一位谋求公职的第一夫人。2007 年，希拉里宣布参与 2008 年总统职位的角逐，不过最终以失利告终，输给了奥巴马，成为美国第三位女国务卿。2015 年 4 月 12 日，希拉里继 2008 年之后再次向白宫发起冲击，她正式对外宣布她欲参选 2016 年的美国总统。

如果 2016 年希拉里参选获胜的话，那么她将会再创一个"第一"——美国第一位女总统。希拉里的人生创造了很多个"第一"：第一位沃尔玛公司女性董事，第一位竞选国会参议员的第一夫人，第一位竞选美国总统的前第一夫人，出访国家总数"第一"的国务卿……每一个"第一"的得来都不容易，有些还是她在极度绝望之中奋勇抗争得来的。

绝望不可怕，可怕的是找不到绝望之中蕴含着的希望。

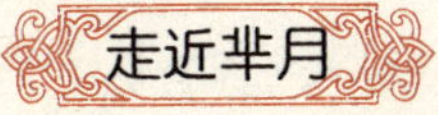

失败的人找借口，成功的人找方法

无疑，芈月是我国历史上最为成功的女性之一。

她的成功不仅仅在于她开创了“太后”这样一个尊称，也不仅仅在于她主持秦国朝政期间把秦国由弱变强，为日后秦始皇一统天下打下坚实的基础，而是在于她时时都在为自己的成功寻找方法。

做了王上的女人，生了王族的继承人，谁不想将自己十月怀胎之子送上王上的宝座啊？谁不想自己能够成为一人之下、万人之上并且手握实权的后宫之首啊？可是后宫佳丽多得数不胜数，能够承继大业的公子又何其多，怎样才能让自己和自己的孩子突出重围，获得王上的青睐呢？

当然，不管是自己，还是自己的孩子，首先必须有才。孩子要有王者的风范和才干，母亲要有母仪天下的仪态。所以，芈月从小就对嬴稷进行“魔鬼”训练，使其饱读诗书，熟知兵法；在人品道德上，她也是用心地教导他遵礼守法。这让秦惠文王十分欢喜。而惠文后之子嬴荡好武力，凡事都想用武力去解决，文韬略逊一筹。对于芈月跟惠文后的母仪姿态的对比，惠文后看似善良温柔，但嫉妒心强，完全容不下那些受宠的嫔妃，常常打压她们，芈月也曾深受其害，故在秦惠文王眼中，芈月似乎略胜于惠文后。其次，就是要有良好的政治出身背景。芈月虽为楚威王之女，但为庶出，身份、地位自然与嫡出的有所差异，在这一点上，芈月不胜于惠文后，但是也不输于她，因为惠文后的出身也不能给秦惠文王带来多大的帮助。再次，就要比各自的权谋了。芈月之所以能够打败惠文后坐实太后之位，就是因为她会谋略，会为成功找方法，即使被送往燕国为质，即使嬴荡登基为王了，她也还是加强对嬴稷的磨炼，绝不掉以轻心。后来在嬴荡举鼎而亡之后，她不知收买了多少大臣，暗杀了多少反对派，才能顺利地摘下太后之桂冠。

另外，还要补充说明的是，芈月之所以在刚得到秦惠文王恩宠之时，就把自己的几个弟弟陆续安置进秦军营，其实目的之一就是为了将来能够借助他们的军权巩固自己的地位。

芈月为获得成功，不知耗费了多少心力和精力去做铺垫。可以说，她为了找到成功的方法，真的是费尽了心血。

以姿色——女人的大资本得君心

童年的芈月生长于楚宫之中，十分熟悉后宫女子的争宠伎俩，其中，她记忆最为深刻的便是“姿色”了。所以，在她被赶出楚宫，流落到云梦泽这乡野之地生活之时，她也还是很注重对自己的姿色的保护。虽然她换上了采茶女的粗布衣裳，但是她每天依然会把自己打扮得清爽漂亮，打扮得玲珑剔透。

芈月本来就长得十分清秀美丽，加上她又在自己的容颜上下了一些苦功夫，故张仪入楚选秦王妃时，芈月一自荐，张仪一眼便作出了决定，此女子够水灵、够机智，故极力向楚怀王推荐让芈月以“楚公主”的身份嫁入秦国。楚怀王第一眼看到芈月之时，顿时被她那清丽脱俗之美给吸引住了，若不是张仪先开口说将她纳入秦国为妃，楚怀王想必也会将她收编进自己的后宫。

而在芈月的政治生涯中，她也常用自己的姿色来获取成功。

义渠王一辈子都对芈月死心塌地，就缘于看她的第一眼。芈月曾问义渠王，为何要为她付出那么多？义渠王是这么回答她的：“第一眼看到你，便被你全身散发出来的美丽韵味所吸引。其实，那时在会盟现场将你掳走，我就一直在默默地关注你，甚至在默默地想办法创造条件放你走，不然，你又怎么会有机会跟我谈条件？就凭芈戎和向寿两个人，怎么可能将你从我义渠军营中救走？”

之后，芈月当上了秦国的宣太后之后，主动向楚怀王示好以求结盟，但因秦惠文王和张仪曾以联盟之名将楚怀王耍得团团转，故楚怀王对秦国的结盟之邀甚为怀疑。芈月知道当初楚怀王第一次见她时便对她心生好感，所以便将其约出来，利用自己的姿色诱引他，使楚怀王不仅拜倒在了她的“石榴裙”下，更自愿与秦国签下了盟约以结友好。

成功的女人，必然会有很多成功的方法。芈月能成为“天下第一后”，能坐拥秦国那么多年，她那傲人的姿色功不可没。

芈月生存智慧：成功的方法有千万种，必然有一种适合你

失败一定有原因，成功也一定有方法。

很多人在遭遇失败之后，都会急于为自己的失败找各种各样的理由以掩饰自己失败的窘态，或者是因为好面子而为自己找个台阶下，抑或是向他人“宣誓”，不是我做不好这件事，而是任何人来做这件事都会是个失败的结局。

不要以为自己失败了，其他任何人来做同样的事，就一定也会失败。换一个人做同一件事，结果不见得一样。很多时候，我们失败，不是因为我们没有能力去获得成功，而是因为我们根本就没有用对方法。

成功的方法有千千万万种，只要你肯下功夫去找，就必然会找到一个适合你，能助你摘下成功桂冠的好方法。

我们与其把时间浪费在为自己的失败找形形色色的理由上，不如将时间用在为自己找成功的方法上。

活出半月的风采：克丽奥佩特拉，影响世界历史的“埃及艳后”

克丽奥佩特拉，古埃及托勒密王朝的最后一任女法老。

克丽奥佩特拉在17岁的时候就跟她同父异母的兄弟，也就是她的丈夫托勒密十三世一同继承了父位，但两人的关系并不和谐，长期因派系斗争和权力之争闹得不可开交，使得埃及人民一直都生活在水深火热之中。

当强大的罗马军队前来进犯埃及时，一直不愿受制于托勒密十三世的克丽奥佩特拉，利用自己绝美的姿色成功俘获了罗马恺撒大帝的心，之后在罗马帝国的支持下，克丽奥佩特拉击败了托勒密十三世，掌握了埃及的统治权，使埃及人民过上了较为安定的生活。

然而，恺撒大帝去世之后，罗马帝国又来进犯埃及，克丽奥佩特拉再次用美色迷惑安东尼将军，使安东尼将军对她一见钟情，埃及王朝再一次得到了保护。可是好景不长，罗马帝国派出另一支大军来讨伐已经成为克丽奥佩特拉爱人的安东尼，安东尼奋力抗战，还是战死沙场。克丽奥佩特拉最后追随安东尼而去，用毒蛇结束了自己年轻的生命。

尽管罗马帝国称克丽奥佩特拉为“埃及艳后”，对于她用美色来换取埃及和平的行为表示“不耻”，可是在埃及人民心目中，克丽奥佩特拉是最杰出的法老之一，是真的勇士，她用自己的美貌与智慧阻止了罗马帝国在地中海东南岸的征服行动，维护了埃及王国的利益和领土的完整，为埃及人民赢得了22年的和平。

克丽奥佩特拉其实不仅是一个和平的使者，更是善良的学者，是一位深有文化底蕴的统治者：她精通五国语言，是一位语言天才；她写过许多科学著作，不仅是一位数学家，同时也是一位化学家和哲学家；她开凿了运河，将尼罗河河水引入亚历山大，是一位工程师；此外，她还是一位城市规划专家，她在亚历山大城的建筑计划被称为"史无前例的庞大"。所以，美艳无比的克丽奥佩特拉才会被列为"影响世界历史的第一个女人"。

在古代社会，女人的大资本——姿色，有时不失为成功的一种好工具。

芈月

义渠王

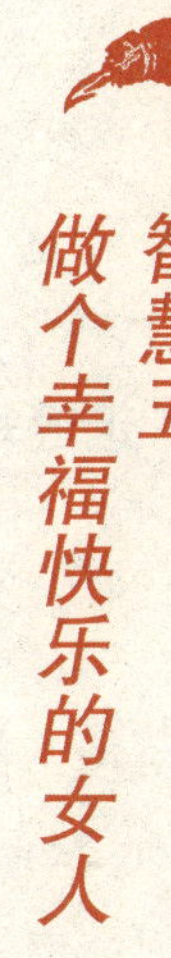

智慧五：做个幸福快乐的女人

芈月说：「未遇见秦王之前，月儿只是看重儿女之情，白水鉴心，清澈如溪。结识秦王之后，才知这世上，还有另一种高岸深谷的情意。」

人生在世，名利财物都是身外之物，富贵荣华都是过往烟云，只有幸福快乐才会永存心间。

那么，怎么样才能成为一个幸福快乐的女人呢？

其实，要做个快乐幸福的女人真的不难，只要你愿意接受生活中的不完美，肯放下心灵的重负，任何时候都能够保持一颗平和的心，不过分地奢求富贵与荣华，不过分地积攒名利和财富，更不过分地要求自己收获怎样的成功，做最简单的自己，做最真实的自己，做最自由的自己，幸福和快乐自然就不会离你太远。

幸福是一种柔软的心态，快乐是一抹藏在心底的微笑。

不管生活的压力有多大，不管工作有多忙碌，也不管家庭的琐事有多少，我们都不能失掉一份快乐的心情，一份幸福的感觉。

女人的幸福快乐，不是贴在脸上的，也不是穿在身上的，而是藏在心里的。

1

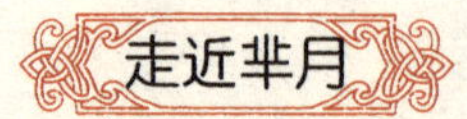

没有不快乐的事，只有不快乐的心

芈月虽然有着至高无上的权力，身边又有无数的男子倾慕于她，然而，她却得不到初恋情人春申君黄歇一辈子的呵护，得不到深爱的男人秦惠文王最真挚的爱，得不到挚爱的男人义渠王最自由的爱。

所以，有人就说，芈月的一生，其实过得并不快乐。

芈月跟黄歇青梅竹马，两小无猜，度过了美好的少女时代。到了谈婚论嫁的年龄，两人更是做好了要相伴一生的规划。然而，一场又一场宫斗硬是棒打鸳鸯，把他们硬生生地分开了。尽管后来两人重逢于秦宫，黄歇依然对她念念不忘，但对芈月来说，却已是另一番光景了。

芈月是在得到秦惠文王的宠幸之后，慢慢爱上他的。这个男人，身后有太多的女人了。芈月因为年轻，因为貌美，因为睿智，因为伶俐，才得以慢慢走进他的心。只不过，他是一个胸怀天下的霸主，任何一个女子，在他的江山、他的天下面前都黯然失色。

而芈月跟义渠王之间的感情最让人唏嘘，也最让人费解。她和他，一个是秦国的太后，一个是义渠的王，两个都那么的强势，芈月要天下，他要芈月，芈月给不了他要的，他就会威胁到芈月所要的。这便注定了他们终究走不到一块儿，终究有一天要为敌。所以,他对于芈月来说,是一把利剑,她曾经用这把剑刺向别人,没想到有一日这把利剑也将刺向自己。义渠王追随了她一生,而芈月给予他的,是恨大于爱,或者说,芈月对他的爱是带有条件的。为了她的帝王梦,她不得不一次又一次地牺牲他、利用他。

尽管芈月的这三段爱恋都不得善终,最终不是"你死"就是"我亡",爱得是那么的惨烈,但芈月对此并未感到不快乐,因为她认为,世界上没有不快乐的事,只有不快乐的心。她的心是属于天下的,是属于整个秦国的,那些风花雪月之事,只不过是她此生中的一个掠影罢了。

看到秦国兴旺发达,看到秦国一统天下的基础一日比一日牢固,她的心便是快乐的。

芈月的故事

意见相左,母子情经受考验

嬴稷继位之时,只不过十几岁,根本担不起发展壮大一个国家的重任,所以身为母后的芈月便主动承担起这个重责,这一担,便担了几十年。

年幼的嬴稷对此并未有太多的意见,可是日渐长大的他,还是被母亲芈月给掣肘着,心里就有些不痛快了。尤其是在对付楚国的战略上,芈月一直都想吞并楚国的大片土地,但是嬴稷出于妻子叶阳为楚怀王孙女的缘故,并未想对楚国下重手,母子俩为此不知争执了多少次,每一次都是芈月胜出,因为军政大权在她手上,朝廷中又大多是她的亲信,舅父魏冉、芈戎、向寿更是在秦军中担任要职,嬴稷根本就无任何的实权,就是一个"傀儡",所以,他心中有气,但又不敢与母后芈月正面起冲突。

母子俩出现最大的分歧有两次。一次是嬴稷坚持要称帝，芈月竭力反对，嬴稷便趁芈月痛失两个爱子之时偷偷邀齐王一起称帝，待尘埃落定之时才通知芈月。芈月气得暴跳如雷，狠狠地教训了嬴稷一顿，可是嬴稷却不知悔改，大声地冲撞芈月。母子俩之间的感情，从那一刻起，出现了裂痕。

第二次是芈月已近晚年，身体和精神都不太好了，嬴稷便趁机对芈月的亲信下毒手，同时亦提携新人组建自己的政治核心，以期有朝一日能够从芈月手中夺回军政大权。当时，芈月虽然已有隐退之意，但却不想因为自己的隐退而使忠于她一辈子的老臣受到嬴稷的毒害，故与嬴稷深谈，让他不要对付那些老臣，让那些老臣继续扶持他。那些老臣是芈月一手提携上来的，嬴稷根本就不信任他们，怎么肯放过他们呢？为此，芈月跟嬴稷闹得很不愉快，母子关系濒临破裂的边缘。

向来都支持芈月的魏冉等人不仅对嬴稷打压老臣的行为感到非常气愤，同时也对嬴稷如此对待自己的亲生母亲而感到愤恨，他们欲联合起来助芈月将秦国的江山改姓。可是，芈月并未对嬴稷的所作所为感到不满，她觉得嬴稷在到了而立之年欲夺回秦国的军政大权也在情理之中，故权衡再三，决定利用自己最后的威严，做通老臣包括魏冉等人的思想，让他们主动退出秦国的政治舞台，归隐乡野。

魏冉曾问芈月，甘不甘心将自己奋斗了一辈子打下来的江山拱手交给嬴稷？又寒不寒心嬴稷在芈月年老时将了她一军？

芈月是这么回答魏冉的：甘不甘心，寒不寒心，关键在于心中有没有一口气。有的话，自然就会觉得不甘心，觉得寒心；如若没有的话，就会完全不在乎。

所以，芈月从未对嬴稷心存任何怨气，他们母子之间也从未有决裂的那一刻，他们的心因秦国这个桥梁而紧密相连着。

人活在这个世界上，到底过得快不快乐，完全是由自己的心决定的。

芈月生存智慧：快乐是人生的法宝，要时刻做快乐的自己

快乐是人生的法宝，要时刻做快乐的自己。

可是，什么才是快乐呢？由衷的微笑，和煦的言语，幸福的感受，这些都是快乐。

不要以为快乐是短暂的，相反，快乐可以是长久的、永恒的。

快乐可以是花，在阳光的照耀下悄然绽放；快乐可以是水，在替人解渴的同时滋润着人的心田。

世界上没有最幸福的人，也没有最悲伤的人，但是却有最快乐的人。而且，每一个人都可以是最快乐的人。

因为，快乐是一种心境，一种精神状态。只要你随时为自己创造一种“我很快乐”的心境，你便会拥有快乐。

做快乐的自己很简单，计较少一些，欣赏多一些，做自己喜欢做的事，不勉强自己做不喜欢做的事……

生活是自己的，人生之路也是自己选的，人真的不需要去在意别人说什么，只需要在意自己的人生路走得顺不顺畅，自己的生活过得好不好，自己的心情快不快乐就行。

活出芈月的风采：梁凤仪，一人分饰三角的幸福女人

她，大器晚成，40 岁以财经小说创始人的身份风靡华语娱乐圈。

她，叱咤风云，是香港最会赚钱，也最富有的女人之一。

她，运筹帷幄，一人分饰作家、商人、家庭主妇三角，用有限的生命，诠释着无限快乐的幸福人生。

她，便是20世纪风靡华语阅读圈、出版字数超过千万的香港知名女作家，香港商界和出版界事业有成的女强人——“勤+缘”媒体服务公司行政总裁梁凤仪。

梁凤仪1949年1月17日生于香港，曾在香港和英、美等地读过文学、哲学、图书馆学及戏剧学，获得了香港中文大学的博士学位。

1972～1974年，她一直在外漂泊，先是在英国伦敦居住了两年，期间以家庭主妇为正职，同时在伦敦大学当图书馆助理，半工半读修读图书馆学。之后去了美国，为了生计，去了一家中国餐馆打工，每周工作7天，每天工作18小时，真是累得无以言表。

尽管那几年很忙很累，活得也很辛苦，但是她的心是快乐的，因为她一直在接受着生活的考验，接受着艰难与痛苦的磨炼，一直在培养自己吃苦耐劳的精神，这为她日后一人分饰三角打下了坚实的基础。

1975年，梁凤仪选择回港生活，到了新创办的佳艺电视去做编剧及戏剧制作人。做了一段时间之后，家庭经济条件不但没有得到改善，似乎还有走下坡路的迹象。最后，她经过认真的思考和分析，得出了这么一个结论：要巩固家庭的经济基础，家里所有的成员绝不能都以雇员的身份去赚取薪金，一定要有成员去创业。

所以，在1977年的时候，梁凤仪创办了碧利菲佣公司，为香港家庭引进菲律宾女佣，这成为香港社会史上一个非常重要的创举。许多商界人士纷纷对她的商业头脑和市场眼光表示肯定，梁凤仪借由这个起点，开始向她的创业人生发起了猛攻。

之后，她抓住了一个难得的商业机遇，于1985年成为了香港联合交易所国际事务部的首选负责人。可是，好景不长，1988年她离了婚，事业似乎也开始往下滑。但天无绝人之路，一个偶然的机会，梁凤仪成为现任夫婿黄宜宏家族旗下永固纸业的一名董事，同时与黄宜宏先生共同“书写”了一个浪漫甜美的爱情故事。

梁凤仪是个善于抓住时机、善于把握机遇之人。当时香港回归祖国的步伐慢慢逼近，政经界又风起云涌，处于商圈之中的她，本身就是编剧出身，于是便以财经为题材进行小说创作，于1989年正式推出自己的第一部财经小说《尽在不言中》。此后的三四年间，她奋笔疾书，共出版了50部作品，成为了香港三大畅销书作家之一。

1991年，梁凤仪在自己的写作事业正红火之时成立了香港“勤+缘”出版社，并亲任董事长和总经理，她获得了巨大的经济收益。该出版社在建社不到四年的时间里便一跃成为香港营业额最高的出版社之一，之后还在香港上了市。

1992年，梁凤仪将她的《醉红尘》《花魁劫》《豪门惊梦》等三部长篇财经小说交给人民文学出版社在内地出版发行，几乎是一夜之间，她便红遍了内地。

尽管人们所熟知的梁凤仪是个畅销书作家，但是梁凤仪坦言与写作比起来，自己更喜欢商人身份，她评价自己是“九流作家，一流商人”。所以，她曾一度对外宣布封笔十年，只专心经商，不知多少读者为之心碎不已，很多读者呼吁她快些回归文学界，再出新作。可是，身兼三职的梁凤仪说，她最快乐的事不是写作，也不是经商，而是做一个简简单单的家庭主妇。

为什么她会对家庭主妇如此情有独钟呢？因为她有过一次

失败的婚姻，她从中汲取了教训，承认了错误，也改进了自己，所以现在的她才能够拥有一个幸福快乐的家庭。她曾用一句话来定义幸福：求仁得仁，就是幸福。

每个人都想成为生活的艺术家，别人对自己的评议和定位其实并不重要，重要的是，自己的心之所向，因为是自己在生活，而不是别人在生活。"有一些女人嫁给自己心爱的男人就会幸福，有些女人拥有一份安定的工作就会幸福，也许这样的女人不会在事业上有很大的成功，但是她确实是幸福的。你知道你自己需要什么，并且努力得到了，就是幸福。"梁凤仪如是说。

快乐在心，幸福在情。只要自己能够拥有一份让自己感觉到幸福的情感，只要自己的心是快乐的，走什么样的路，过什么样的人生，其实，都是一样的。

2

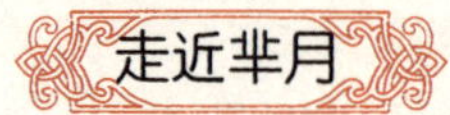
走近芈月

幸福不是一种状态，而是一种心态

有人说，大凡在我国历史长河中具有卓越成就的女子，都是不幸的。或许芈月也真有不幸之处吧？

明明跟春申君黄歇两情相悦，却不能相守在一起；明明可以在秦国皇宫里享受荣华富贵，却要到燕国的荒郊野外去生活；明明可以和心爱的人一走了之，到大漠上任意驰骋，却要固守在秦国皇宫里舌战群臣；明明可以独霸秦国军政大权，却要放权，以至于落得个门庭冷落……

原本，芈月可以在云梦泽过着简单快乐的生活，可她偏偏选择嫁入深宫，做一个要做天下霸主的男人身后的女人；原本，芈月可以淡然面对储王之争，跟儿子嬴稷向秦惠文王求块封地，安安稳稳地过日子，可她偏偏要运筹帷幄，誓要把嬴稷推上新王的宝座；原本，芈月可以撒手不管朝政，让朝中的能臣去辅佐嬴稷，可她硬是要挑起强秦的重担；原本，芈月可以坐在咸阳宫内遥控前方战事，可她硬是要跟嬴稷一同领兵出征……

芈月不是不幸，而是太有责任感，太过要强，也太有能耐了。她不甘于只做一个生儿育女的后宫嫔妃，不甘于只做一个弱国的太后，更不甘于整个秦国向其他国家俯首称臣，所以，她用尽心思要成为秦国的太后，殚精竭虑要把秦国变得强大，也处心积虑地让各诸侯国唯秦国马首是瞻。

如果芈月一心只为自己着想的话，或许她可以选择让自己活得轻松一些，而没有必要让自己活得那么辛苦，然而，芈月却觉得，她所吃的这些苦、所受的这些累，换来了秦国的稳定、繁荣与发展，是值得的，身处其中的她觉得自己是幸福的。

幸福不是一种状态，而是一种心态。芈月觉得自己是幸福的，就足够了。

芈月的故事

孕期遭冷落，不再奢求别人给予的幸福

对于后宫的女人来说，幸福有时来得很快，只一眼便可以获得君宠，但是幸福有时也会走得很快，稍纵即逝。

芈月跟秦惠文王有过一段缠绵悱恻的时光，但是这在芈月怀孕之后便慢慢消散了。

从芈月孕中期开始，秦惠文王就以忙于应付各种战争为由，鲜少去看她了。

在那时局动荡的年代,硝烟四起,秦惠文王顾不上后宫之中身怀六甲的爱妃,也是情有可原的,芈月能理解一个胸怀天下的君王心中所藏的宏图伟业,故从未抱怨过半句,只一心一意地养好身子,孕育好肚子里的小生命,给予他最大的后勤保障。

然而,芈月的理解并未让秦惠文王感动。芈月从侍女那里打听到,秦惠文王不仅纳了新王妃,而且还时常跟惠文后温存。

输给惠文后,芈月还不至于太失落,毕竟她是他的发妻,他们风雨与共那么多年,而且又有共同的爱情结晶,而芈月只不过入宫数月,肚子里的小家伙也还未知男女。若是个公主,秦惠文王自然会欢喜,只是与惠文后的嬴荡公子相比的话,还是会逊色一些。不过,要是生了个公子的话,王上又多了一位继承王位的子嗣,或许届时将不再冷落自己。

其实,芈月当时并未想用肚子里的孩子挽留什么,她是真心爱秦惠文王的,她多么希望也能得到秦惠文王的真感情。只是,那个男人心里,或许根本腾不出太多的位置给芈月。

公元前 324 年的秋末,芈月诞下了公子嬴稷,被封为“八子”。

嬴稷满月那一天,秦惠文王去看芈月,那一夜,他在芈月的寝宫里留宿了,芈月终于重获君王的恩宠。但她的心里,已然另有一番风味了。

她开始明白,即使她投放再多的爱在秦惠文王身上,她也不会得到同等的爱的回报,秦惠文王永远也给不了她想要的那份完全的幸福。所以,她不再奢求自己能够拥有满满的幸福,只要自己心底保存有一份幸福的心态就够了。

芈月生存智慧:幸福不在别人眼里,而在自己心里

其实,在我们的生活当中,幸福总会于不经意之间来到我们

身旁。如孩子的第一次发声，如吃到爱人煮的一碗爱心面，如遇到很久不见的老友，如突然之间获得的升职加薪……

套用一句名言来说，其实我们每一个人都不缺幸福，缺少的不过是一双发现幸福的眼睛，一份对幸福的关注，一颗感受幸福的心而已。

心态决定命运。人生得意不由己，但是幸福快乐却在于自己。快乐随心定，幸福由心生。

快乐不在别人的嘴巴里，幸福也不在别人的眼睛里，而是掌握在自己手中，藏在自己的心里。

幸福是一种感觉，这种感觉让人感到愉悦，使人心情舒畅。

幸福是一种体味，一种偎依在父母温暖怀抱里的温馨之感，一种依靠在爱人宽阔肩膀上的甜蜜之感……

幸福，其实一直都相伴在我们左右……

活出半月的风采：张爱玲，民国时期的传奇女子

张爱玲，一个写尽人世间悲凉凄惨之情爱故事的现代女作家，一个活得寂寞、死得寂寞，但毕生都有光环围绕的民国时期的奇女子。

她有着显赫的家世背景，是清朝重臣李鸿章的曾外孙女，但因家族纷繁变迁，父母婚姻破裂，张爱玲的童年过得极度悲凉，这便定下了她一生所创造的作品的基调——荒凉。不管题材如何变化，"荒凉"永远是她作品的主题曲，且这种荒凉深入骨髓，写尽了无数人的辛酸和苦痛，引起了无数人的心灵共鸣。

1920 年 9 月 30 日，张爱玲出生于上海公共租界西区麦根路一幢没落贵族的府邸里。她在这个家里生活了18年。在这18年间，她目睹父亲从一个慈父变成一个花天酒地的烟鬼，亲自送走了因忍受不了父亲的恶习而丢下她离去的母亲的背影，她的生命从此变得荒凉且寂寞起来。

她18岁的时候离开父亲投奔母亲，但母女俩的感情被金钱给消磨掉了，在她19岁入读香港大学时，她的母亲断了对她的供养。所幸，张爱玲天生聪颖，加上后天努力，她成绩优异，获得了奖学金，这才勉强能撑得下去。

1942年夏，张爱玲回到上海，正式开始了写作生涯。一开始，她写的是影评和剧评，刊登在《泰晤士报》《二十世纪》等报刊上。之后开始写小说，在《紫罗兰》月刊上发表的一篇名为《沉香屑第一炉香》的文章使她在上海文坛一炮而红，且一发不可收拾，她陆续在各大报刊上发表了《花凋》《谈女人》《红玫瑰与白玫瑰》等一系列小说和散文，获得了文学界专家及学者的一致好评。

这时，她遇到此生最浩大的一场情劫。23岁未曾恋爱过的她，遇到了倾慕她文学才华的年长她14岁的情场老手胡兰成。

当时的胡兰成已有一妻一妾，但张爱玲还是不顾一切地选择跟他在一起。她曾送给胡兰成一张自己的照片，后面是这么留言的："见了他，她变得很低很低，低到尘埃里，但她心里是欢喜的，从尘埃里开出花来。"可见，她爱他之深之切，实在是无法言喻。

1944年8月，胡兰成抛弃一妻一妾与张爱玲写下了婚书："胡兰成、张爱玲签订终身，结为夫妇，愿使岁月静好，现世安稳。"然而，胡兰成却是个超级"花心大萝卜"，见一个爱一个，且还是个人人都唾弃的"汉奸"，故没能给张爱玲带来安稳、静好，带给她的，只有深深的伤害。

张爱玲在隐忍了3年之后，终于忍无可忍，写了一封分手信给胡兰成，正式断了她跟这个男人爱恨纠结的几年情感。

虽然爱情路上一路颠簸，一路坎坷，但在事业上，在文学创作上，张爱玲却是一步一个脚印，从一个因战争而被迫辍学的大学生一跃成为了上海最有名的作家。她笔下的那些命运跌宕起伏的人物，打动了一代又一代人，半个世纪以来，她的小说作品不断地被改编成影视剧，如《半生缘》《倾城之恋》《色·戒》等。她作品中那些经典的语句，让人们百读不厌。

张爱玲的晚年是在美国度过的。1995年9月8日，她在美国洛杉矶寓所永远地闭上了眼睛，结束了她无限风光却又极尽凄凉的一生。

或许，有人会觉得张爱玲是很不幸福的女人，因为她毕生最想要的就是一个完整的、充满爱的家，可惜，她所生活过的父亲的家、母亲的家、胡兰成的家，都家不成家。在她华丽的一生里，连一个完整的家都求不得。但对于她自己而言，她真的是个不幸福的女人吗?

答案自然是否定的。她的幸福，多少人求都求不来啊！她的风韵永存在远年的上海，她的作品告诉世人，“20世纪的中国文学还存在着不带多少火焦气的一角”。这些，难道还不能让她感觉到幸福吗?

或许，她真的没有处于幸福的状态之中，但她却可以时时拥有幸福的心态。

幸福，其实真的如芈月所说的那样，它只不过是一种心态而已。

所以，有幸福的心态，即使没有幸福的状态，你也会是幸福的。

3

走近芈月

幸福的田地里，先播下快乐的种子

很多历史上叱咤风云的伟大女性，她们或许生活在处处充满战乱的不幸年代，但是她们却能够在不幸之中找到幸福之所在，找到快乐之源泉。因为她们懂得在有限的生命时光里开垦出幸福的田地，又懂得在幸福的田地里，先播下快乐的种子。芈月亦是如此。

芈月所处的战国时期，硝烟四起，战争不断，各诸侯国均有野心，今朝攻伐这个国家夺取几个城池，明日又攻打那个国家割占几块领地。被赶出楚宫的芈月随母亲走遍了大江南北，最后在楚国郊外一个云梦泽的地方落脚以避战乱。

云梦泽山清水秀，人也质朴无华，生于宫廷之中的芈月小时候过惯了奢华的生活，刚离宫在外生活，确实有些不习惯。但是现实就是现实，芈月的楚公主身份随着楚威王的离世而消解，芈月对此再无奢望，故到了云梦泽这个偏远之地之后，只想一心一意地做好一个安守本分的“村姑”。

为此，芈月将自己在楚宫里养成的生活习惯完全改变，不再对山珍海味感兴趣，也不再“衣来伸手，饭来张口”，不仅自己学会了照顾自己，还肩负起照顾母亲和弟弟妹妹的责任。那样的日子很苦，但起码有瓦遮头。毕竟，在战乱的年代，普通百姓家要想过上安稳的生活，实在是太难了。

所以，不管日子过得有多苦，不管生活有多艰难，芈月都没有半点怨言。她每天不仅要做各种家务，还要精心照料同母异

父的弟弟魏冉。她跟魏冉的关系一直都很好，魏冉每一次在外闯祸，都是她费尽心思帮他解决的。

就这样，芈月在云梦泽开垦出了一片幸福的田地，种下了快乐的种子。因为对芈月来说，血脉相连比什么都重要，只要他们能够相依相伴，便是幸福的、快乐的。

幸福和快乐是一脉相连的。

芈月的故事

入秦为妃深宫似海，君王为其洒下幸福的种子

虽说芈月是自愿举荐自己以联姻工具之名嫁入秦国的，但在入秦的前一天，她的心开始忐忑不安，满是惆怅。

她告诉自己，她跟黄歇的感情已然成为过去，她不能再执念下去了，只有放开自己的胸怀，翻开新的情感篇章，才能使自己在今后的日子里活得轻松一些，才能够开启新的幸福人生。

对于秦惠文王，芈月最初的印象是从张仪口中得知的。

张仪说，秦惠文王胸怀大志，毕生之愿便是一统天下。故芈月猜测，秦惠文王应该是个大气之人、粗犷之人，对于感情，应该不会太过细腻，对于后宫佳丽，必然也不会太过用心。

深宫似海，若是得不到王上的宠幸，那么这辈子必将孤独终老，这便是后宫女人最大的悲哀。芈月自然不愿自己这般凄惨地活着，她这件楚秦联姻的工具，不能只是个摆设。

尽管可能得不到秦惠文王的一颗真心，也成不了他这辈子最爱的女人，但至少，要成为能够亲近他的女人，成为能够时常陪伴在他身边的女人。他可以不爱自己，但一定要恩宠自己。芈月如是对自己说。

于是，她默默地在秦国后宫开垦了一片能够让自己获得君

王恩宠的幸福田地,即每日都用兵书和史书来武装自己,让自己胸中的墨汁丰满起来,同时亦乐于分析战国时局,研究各国的战略决策,以求能为秦惠文王分担一些军政大事。

渐渐地,芈月对时事战局有了深入的了解,秦惠文王十分欣赏她。芈月这样一个看似娇弱的女子竟然能有如此才华,秦惠文王越发宠爱她,甚至越来越离不开她,日日流连她的寝宫,每每有重大战事发生,也都希望能听听芈月的意见。

如此这般,秦惠文王在芈月开垦的这片幸福田地里亲自为她洒下了快乐的种子,日日只要芈月相陪,只要芈月照顾,这让芈月顿时成为了后宫之中最得君王心的爱妃,幸福快乐紧紧地包裹着她。

芈月一生之中身边都不曾缺过男人,有人为其倾注一生的心血,有人愿意侍候她一辈子直至终老,也有人虽然得不到她却惦念了她一辈子,她跟秦惠文王在一起的时光虽然不是很长久,但是却是最轻松、最美好的。所以,她对秦惠文王的怀念是最深的,秦惠文王一统天下的宏愿也影响了她一生。

幸福和快乐不易得,但只要我们稍加用心,勤加开垦,它必然会降临。

芈月生存智慧:把幸福和快乐拽住,不让其悄悄溜走

幸福和快乐,有时让人觉得很抽象,有时又让人觉得很具体;有时让人觉得很遥远,但是有时又近在咫尺。

为什么?因为幸福和快乐不是必然的。人人都渴望获得幸福,人人都希望能够快乐,可是并不是人人都能够幸运地将它们相拥入怀。

幸福和快乐就如同长了一双翅膀,随时随地都有可能与你

擦肩而过。所以，我们要伸出手去，争取把幸福和快乐留住，哪怕多留一分钟也好。

幸福和快乐就如同长了一双脚，随时随地都有可能跑在我们的前面。所以，我们要努力地去追赶它，牢牢地把它给拽住，使其无法从我们身边溜走。

人活着，就是为了能够生活得更快乐一些，日子能够过得更幸福一些，不是吗？

活出芈月的风采：武则天，幸福和快乐是需要下些功夫才能得到的

武则天，名武曌，我国历史上唯一一个得到普遍承认的女皇帝。

武则天家境殷实，自幼性格就十分强硬爽直，不习女红，只喜读书，故知书达礼，深谙政事。童年时期，她还随经营木材为业的父母遍游了名山大川，有着十分丰富的阅历，这使她有了广阔的眼界，为她入宫辅助君王治理天下打下了坚实的基础。

她 14 岁那年，唐太宗听说她长得楚楚动人，于是便将其纳入宫中，封为五品才人，赐号"武媚"。

武则天跟芈月一样，在侍奉唐太宗的那些年里，为了走进唐太宗的心里，确实是费了一番大功夫的，不仅专捡唐太宗喜欢的事做，还广阅群书，时常跟唐太宗讨论一些史实典故，使唐太宗对上知天文、下知地理的武则天刮目相看，自然慢慢地便对她产生了深厚的感情。可是因为武则天的性格比较刚硬，竟然能驯服宫中无人能驯服的烈马"狮子骢"，于是就有大臣进言，恐怕武则天这等霸气的男子性格会危及大唐的江山。于是，唐太宗便冷落了她。

晋王李治从小就对武则天有着爱慕之情，但碍于其身份，只能默默地关注着她。

从备受隆恩到遭受冷落，武则天并不甘心，但又能如何呢?唐太宗虽然对她有所眷念，但大唐的江山对他来说才是最重要的，武则天此生恐怕是再无受君恩宠的机会了。正当武则天郁郁寡欢不知前路该如何行走时，唐太宗病重，他在得知自己时日无多的情境下，传诏心心念念的武则天来贴身照料自己。武则天知道，若不抓住此等机会让自己翻身，便再无翻身之日了。

其实，武则天一直都知道李治对她的情感，但是她并不爱他。然而，在悉心照料病榻上的唐太宗时，李治常常前去陪伴唐太宗，武则天跟他接触的时间多了，竟然默默地对他芳心暗许，于是暗地里助其立为太子。这大唐的江山，在唐太宗驾崩之后，便落到了晋王李治的手上。

武则天原本以为李治登基之后会给她一个名分，可惜李治此人比较软弱，不敢打父亲才人的主意，无奈之下，武则天只能依唐宫之例入感业寺削发为尼。

青灯相伴的日子，武则天很不开心。一来她是真的爱上了唐高宗李治，对他思念有加;二来她也不甘心自己一心辅佐的新王，竟然对她不闻不问。

于是，她在唐高宗于唐太宗周年忌日之时入感业寺进香时，故意制造机会与唐高宗相遇，然后梨花带雨地在他面前述说别后的思念之苦，唐高宗被她的深情所感动，在王皇后的协助之下，在唐高宗的孝服期满之后将其接回宫中，次年封其为二品昭仪。

后宫佳丽三千，比武则天年轻貌美的比比皆是，但是唐高宗却只钟情于武则天一人，其他嫔妃在唐高宗眼里都不过是水月镜花。他跟武则天相爱相守了几十年，生育了好几个子女。武则天对此也是下了一番苦功夫的。

唐高宗此人身体不是很好，经常会偏头疼，且性格比较优柔寡断，所以在处理国事、家事上都有些拖泥带水。武则天便利用唐高宗的这些弱点，个个击破。

身为皇后的武则天为减轻偏头痛给唐高宗带来的痛苦，遍寻名医甚至江湖郎中为其开方诊治，唐高宗对武则天的良苦用心自然感动万分，故在自己病重之时让武则天协助其处理国事。武则天干净利落的处理方式与手段让唐高宗大开眼界，本就不太愿意被政事烦忧的他，于是慢慢放权让武则天代替他处理政务。

唐高宗在情感上、生活上以及政治上都十分依赖武则天，故后宫众多嫔妃再美、再年轻都入不了他的眼，进不了他的心，他的一生就这样完全被武则天给钳制住了。至死他都爱着武则天，即使知道她有心谋夺大唐的江山，他也是对她深爱如初。

武则天就是这样，先攻其心，再夺其政，然后慢慢地架空唐高宗，将大唐江山收入自己掌中。在唐高宗驾崩之后，武则天相继废掉唐中宗和唐睿宗，自己做了皇帝，并改国号为“周”，史称“武周”。

芈月曾说过：“未遇见秦王之前，月儿只是看重儿女之情，白水鉴心，清澈如溪。结识秦王之后，才知这世上，还有另一种高岸深谷的情意。”对于武则天来说，她跟唐太宗的感情如白水鉴心，跟唐高宗的感情，确是高岸深谷。她毕生的幸福都是唐高宗给予的。唐太宗虽然对她有爱，但爱得不够深、不够彻底；唐高宗对她的爱，是深入骨髓的……

武则天再强势、再霸气，也只不过是一个女人，一个需要幸福婚姻的女人。

为了能跟唐高宗永久地结合，成为他名正言顺的妻子，武则天不知倾注了多少心血。

为了开垦她跟唐高宗幸福的婚田，且为了在这片田地上种出那些快乐的小天使，她不知牺牲了多少，做了多少不为人知的努力……

幸福和快乐，真的是需要费些功夫才能够得到的……

走近芈月

遇见一个懂且爱自己的他，就有一万个幸福快乐的理由

在爱芈月的男人当中，有一个男人最懂芈月。他知道芈月最想要的是什么，所以他曾很努力地想要去满足芈月，可是因为自己跟芈月的性格过于相像，都太过要强了，故两人互爱互伤，爱得深，彼此也伤得深，此人便是义渠王。

芈月在义渠王死后，时常会怀念他，当时一直陪伴在她身旁的魏丑夫问过她，如果人生有一次重选的机会，她会不会到大漠跟义渠王相生相守。

芈月并未回答魏丑夫，之后的很长一段时间，她都在思考这个问题，终于有一日，她想明白了。

如果上天真的再给她一次机会，让她在秦国宣太后和义渠王妃之间选一个的话，她依然会选做宣太后，不是她有多贪恋权势，也不是她不爱义渠王，而是不管她以怎样的身份跟义渠王在一起，义渠王都会给她身为一个女人所想要得到的疼惜和宠爱。

她对魏丑夫说，义渠王是最懂她的心的男人。

他知道她想要秦国不断地发展壮大，所以他和他的义渠兵时刻为秦国准备着，秦兵在哪里有难，他们就去哪里营救，不畏艰难，不怕困苦。

他知道她想要一个幸福快乐的家，所以他让她给他生孩子，在大漠为她建造了一个挂满了她和她的孩子的画像的家。

他知道她害怕寂寞，所以在他不在她身边时，他能够接受魏丑夫这样一个男子在她身边陪伴她。

芈月曾感叹，遇见一个懂且爱自己的男人，就有一万个幸福快乐的理由。

尽管她未曾去过义渠王为她精心设计的在义渠的家，尽管她未曾跟义渠王还有两个孩子共享过天伦，尽管她跟义渠王之间时常会因去不去大漠厮守在一起起冲突，尽管最后她必然要在秦国王宫和义渠王之间做出最艰难的抉择，她还是觉得，此生有过义渠王这个爱人，自己便不失幸福和快乐之感。

爱，并不一定要拥有，只要曾经有过他的呵护，彼此相爱过，那么此生便无憾了，便有了幸福和快乐的理由。

天高云阔，整个大漠任我驰骋

如果说，芈月从不曾对那天高云阔、自由自在、幸福快乐的大漠生活有过向往，那肯定是骗人的。

义渠王无数次在芈月耳边说起让其随他去大漠生活的念想，芈月每一次都是毫不犹豫地拒绝，可是每一次拒绝之后，她的内心又总会掀起波澜，她真的很想感受一下“整个大漠任你我驰骋”的那种感觉。只不过，她真的去不了，此生她都说服不了自己放弃“宣太后”的名号去做一个难以成就大业的“义渠王妃”。

不过，曾有一刻，芈月内心发出了铮铮有声的呐喊，如若芈月的意志不够坚定，或许那一刻，她便从了义渠王。

那是一个秋风染红了枫叶的季节，满怀心事的芈月站在甘泉山上一个名叫“离宫”的行宫的凉亭里，等待着情郎义渠王前来相会。

正当芈月望着秋季的美景陷入深深的思索之中时，一双雄厚的大手从身后环住了芈月纤细的腰肢，芈月知道，是他来了。

“你看看我给你带来了什么？”说罢，义渠王松开揽着芈月腰肢的手，从侍者手上接过一卷羊皮，用力一甩，一幅女子的画像骤然展现在芈月眼前。

画中的女子，有着如瀑布般流长的黑发，一双水灵灵的大眼睛，一张眉目含春的倾国倾城的脸，甚是灵动秀美。

这女子好熟悉啊！芈月定睛一看，画中的女子不就是她吗？芈月有些诧异，问道：“是你画的？”

“我虽是一介武夫，但是胸中还是有些丹墨的。”义渠王深情地望着芈月，“我常常拿这幅画给我们的孩子看，我告诉他们，这就是他们日思夜想的母亲。我还告诉他们，终有一天，他们的母亲会回到义渠来，会跟他们一起在草原上策马奔腾，一起在这广阔无垠的天空下生活。”

芈月的眼眶里噙满了热泪，她别过头去，不让义渠王看到她的脆弱、她的无奈。她花了很长很长的时间才从痛失爱儿的阴霾中走出，他的一幅画，又让她陷入了无限的哀痛之中。

那一刻，她多么希望时光可以倒流，她能够在两个孩子已然在世时，到大漠去走一遭，哪怕只是跟孩儿骑一次马、吃一餐饭都好过现在。

她开始有些后悔了，后悔这些年来，忽略了孩子成长过程中对母亲的需要，也忽略了义渠王对她这个枕边人的需要。

如果，如果时光可以倒流的话……但世界上没有如果。最终，芈月还是用理智控制住了自己的情感。一幅画决不能让芈月改变主意，两个已然消逝的生命也决不能让芈月放弃天下。但凡要成就一番大事业者，必不能被儿女情长所牵绊。

幸福和快乐对于一个胸怀天下的女子而言，决不能挂在嘴边，甚至也不能带在身边，而只能默默地存在心里。所以，那一日，便是她跟义渠王此生的最后一次相见。

幸福快乐的理由可以有千千万万，而对于芈月来说，得一个像义渠王那样无怨无悔地等待了她一生又一世，默默地做好她的后盾，为她支撑起整个秦国的江山的男人，便是她人生之中最大的幸福与快乐。

芈月生存智慧：遇到一个对的人，就不要轻易放手

在不对的时间遇到不对的人，这是一个很不幸的开始。

在不对的时间遇到对的人，这是一个较为遗憾的开始。

只有在对的时间遇到对的人，才会有一个最完美的结果。

有的人，很幸运地在对的时间里遇到了对的人，却因为年轻，因为任性，而不知珍惜，肆意地转身离开。待有一天蓦然回首时才发现，自己生命中最值得去珍爱的那个人，已经远去。

茫茫人海中，要遇到一个自己爱的也爱自己的，自己懂的也懂自己的人，真的犹如“大海捞针”。如若你非常幸运地捡到了那根“针”，请一定要珍惜，一定不要轻易地放手。

没有过不去的桥，没有解不开的难题，不管你们之间有着怎样不可调和的矛盾，横着怎样不可逾越的障碍，都不要轻易地松开对方的手，只要你们紧紧地牵住对方的手，只要你们彼此的心紧密地联在一起，任何人任何事都不能把你们分开。

你要相信，能给予你真正的幸福与快乐的，就只有那个你在对的时间里所遇到的对的人。

活出芈月的风采：严歌苓，遇到了一个珍爱自己一生的男人

严歌苓，美籍华人，21 世纪美国著名的中英文作家，好莱坞的专业编剧。在她创作的众多作品中，最为引人关注的当属她以自己跟外交官丈夫劳伦斯相爱而被美国联邦调查局“搅局”的爱情故事为题材创作的长篇小说《无出路咖啡馆》。

严歌苓 1957 年出生于上海，12 岁时考入成都军区，成为一名跳红色芭蕾舞的文艺兵。在 15 岁的时候，她爱上了一位年轻的军官。在那个封闭的年代，那位军官出卖了她，使她遭到了众人的唾骂。起初她受不了这样的侮辱，差点就饮恨自杀了，后来她终于靠自己强大的意志力承受住了这种人性扭曲的挤压，也因此将她的创作才华“发酵”出来，化悲愤为力量，开始创作舞蹈大纲和歌词，试图在艺术领域里找到新的人生目标和快乐源泉。

之后，严歌苓以战地记者的身份赴对越自卫反击战前线，又调到铁道兵政治部担任创作员，丰富的军旅生涯为她提供了源源不断的创作素材。当她 25 岁退伍之时，她所创作的长篇小说《雌性的草地》及短篇小说《天浴》《少女小渔》，使她获得了文艺界的一致好评，从此以后名声大震。

她的第一段姻缘是写作牵的线搭的桥。她跟著名作家李准之子李克威有着相同的家庭背景和创作背景，随着共同语言的不断增多，两人相恋并结婚了。后来出于工作原因，两人分居两个国家，最后不得不忍痛分开。

刚离婚的日子，严歌苓活得非常艰难，不仅身体上疲累，精神上也备受折磨。白天忙于创作和打工赚钱，晚上又总是难以入眠，常常要靠服食安眠药才能睡着。她的朋友见她日渐消瘦，十分心疼，故张罗着给她介绍一个能够让她依靠的男子。当时严歌苓因初婚失败而对男性和婚姻都有所抗拒，故只是抱着试试看的心态接受朋友“相亲”的安排。

就这样，一个年轻的美国外交官走进了她的生活。

严歌苓与这位名叫劳伦斯·沃克的外交官初次见面是在朋友家。当时严歌苓只是冲他礼貌地笑笑，没想到对方却向她伸出手来，她只好伸出手与之相握算是回礼，没想到这一握，让她感到无比的温暖。加上对方又以一口“美式”普通话向她打招呼，她顿时感觉自己的心被融化了。之后，严歌苓跟劳伦斯谈天说地，有说有笑，距离感一下子就消除了，像极了多年未见的老朋友。两人就这样慢慢开始了恋爱之旅。

劳伦斯是个见识广博之人，每次跟严歌苓约会，他都会花费不少心思，常常会带她去各种博物馆参观，从艺术到科技，从天文到历史，侃侃而谈。这让严歌苓十分敬佩和欢喜，曾经一度被婚姻伤透了的心，就这样渐渐被高大博学的劳伦斯抚平了。

跟劳伦斯在一起，严歌苓多年来劳顿漂泊的心终于找到了一个停靠的港湾。

由于劳伦斯外交官的特殊身份，美国联邦调查局介入了两人的恋爱关系，FBI调查员两次约见严歌苓，且要求她做了一次测谎试验。严歌苓对此感到十分委屈，打电话向劳伦斯抱怨。第二天劳伦斯就飞到了芝加哥，拉着她的手，深情地对她说：“没有玫瑰，我以我的心为信物，向你求婚，我要实现我的诺言，给自己最爱的人撑起一生的幸福！”

可是，当劳伦斯向上级递交要与严歌苓结婚的申请时，由于美国在“冷战”时期有“美国外交官不允许跟共产党国家的人结婚”这一规定，故美国外交部让劳伦斯在外交官职位和来自共产党国家的女作家严歌苓之间作个选择。一边是前途无量的事业，一边是真心以对的爱人，看似艰难的选择题，劳伦斯却轻松地交出了满意的答卷，他毅然选择了后者。这让严歌苓非常感动，人生能得一如此珍爱自己的男人，足矣！

1992年秋，劳伦斯和严歌苓终于在旧金山喜结良缘了。因为曾做过外交官，精通九国语言，劳伦斯很快便找到了新的工作，这让严歌苓倍感欣慰。

婚后的严歌苓继续自己的文学创作，年年都有作品出版，还成为了我国内地及台湾地区文学界的“获奖专业户”：《扶桑》获台湾“联合报文学奖长篇小说奖”，《人寰》获台湾“中国时报百万长篇小说奖”以及上海文学奖等，使之一跃成为了华裔当红女作家。之后，严歌苓的好运陆续到来。1993年，知名导演李安购买了她的小说《少女小渔》的电影版权。此后一发不可收拾，她的编剧之路越走越顺。

2004年，由于美国外交部的政策松动，劳伦斯得以复职，身为外交官夫人的严歌苓便随着丈夫到世界各地工作游历，这为她增添了不少创作素材。2009年11月，她最新创作的长篇小说《寄居者》一出版便大卖，使她迎来了事业的一个新高峰。

有人问严歌苓，为什么会如此高产，创作出如此多脍炙人口的作品，答案应该跟劳伦斯有关，跟她幸福美满的婚姻有关。她在文艺界能够大放异彩，想必正是她家庭幸福最自然的表白。“我和劳伦斯生活得非常幸福，他做他的工作，我写我的书。”严歌苓对目前自己的生活状态非常满意。

若一个女人遇到了一个懂且爱自己的男人，珍惜自己一生的男人，此生还会有不幸福、不快乐的理由吗？

芈月

黄歇

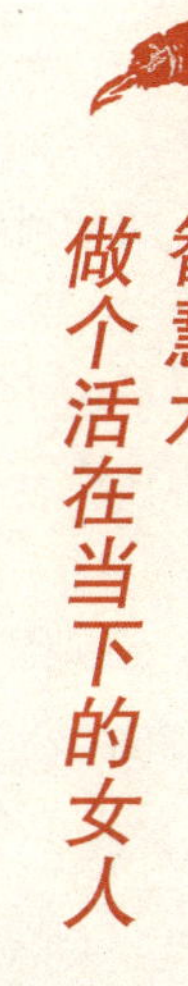

智慧六：做个活在当下的女人

芈月说：「那天高云阔，逍遥自在，整个大漠任你我驰骋。」

未来可以憧憬，可以描绘；过去可以缅怀，可以回味；但一说到当下，人们往往是迷惑的，有的甚至是遗憾的。

因为我们常常把自己往过去里放，抑或是往未来里拉，却不好好地去争朝夕，不好好地过当下的日子。

其实，过去的已然过去，再美好也不会重来，未来即使你规划得再好，也未必能够实现，与其活在逝去的昨天里和无法预测的明天里，还不如把握好当下的美好时光，做自己想做的事、能做的事，或是要做的事。

把握好自己当下的情感，就不会与那个对的人错过了；把握好人生的机遇，就不会让成功与自己擦肩而过了；把握好当下的每一分钟，就不会让时光白白地溜走而一事无成了。

做一个活在当下的女子吧，把生活过成自己想要的那个样子！

1

走近芈月

活在当下，不惧怕过去，也不畏将来

芈月是一个很任性的女人。

当她顶着“宣太后”的名号跟义渠王走到一起时，众大臣为此颇有意见，有的甚至还在朝廷上弹劾她。而她只说了一句：“那是我的私人之事，没有人能阻止我过我想要过的生活。”

当她不小心怀上了义渠王的孩子，肚子日渐隆起时，秦昭襄王曾对此表示过不满，但是芈月是这么对他说的：“不管孩子的父亲是谁，只要是从我的肚子里出来的，就是你的兄弟。他们未必会成为你的敌人，而且很可能，你一统天下之宏愿要靠他们辅佐来完成。”秦昭襄王听罢，便不再多言。

当她跟义渠王断绝来往，已近中年的她心中甚是寂寞之时，她遇到了魏丑夫。她虽然不是很爱他，但是很享受被他呵护、被他照顾的感觉，故时刻把魏丑夫带在身边，这又引起了不少大臣的非议，甚至连魏冉都看不下去了。魏冉曾委婉地将众大臣对此事的看法告诉芈月，芈月笑了笑说：“人活着，不就是为了当下能够过得轻松一些、自在一些吗？我已经失去了生命中最重要的几个男人，我不想再失去一个知心人了，跟魏丑夫在一起，我觉得很轻松，我需要这样轻松地活着，谁也阻止不了。”

当义渠王命丧甘泉山上之时，芈月生命中又出现了一个名叫甘土的长相酷似义渠王的男子，芈月不可救药地对他动了心。秦昭襄王竭力反对，且不说甘土出身不好，一个魏丑夫如贴身膏

药般地黏在芈月身旁已经让秦昭襄王颇为头疼了，再来一个甘土，秦昭襄王是断然接受不了的，故找了各种借口欲把甘土弄出宫去。芈月却变着法子保护甘土，她对秦昭襄王说："我不知道自己还有多少时日能这样肆意地跟一个人在一起，也不知道自己下辈子是否还能遇到一个像义渠王那般爱我的人，不过既然已经作出了选择，就一定不能后悔。此时我只想身边有一两个贴心的人陪伴，好好地活着就罢了。"

芈月就是这样，永远都活在当下，想要过怎样的生活，想要做成什么事，就会不顾一切地去做。

正是她的这种"不惧怕过去，也不畏将来"的精神，使她从一个"野丫头"跃身成为了一个能够呼风唤雨的一国"太后"。

芈月的故事

放权受阻，高处不胜寒

芈月在决定放权给秦昭襄王之时，遭到了魏冉、芈戎和向寿等人的极力反对。魏冉一时怒火攻心，跟芈月起了口角之争，芈月一时气愤，给了魏冉一个响亮的耳光。

"你能够手握秦国的军政大权，成为一人之下、万人之上的大将军，靠的是谁？"芈月指着魏冉的鼻子质问他。

魏冉捂着被打的脸，不甘示弱地大声回答芈月："对，没错，是你提携的我们，我们也对你一片忠心。我们跟着你共同为秦国打江山这么多年，你现在说放权就放权，你有考虑过我们的处境吗？你放权了，要我们怎么办？被你的好儿子肆意践踏至死吗？"

魏冉说得不无道理，一旦芈月放了权，跟了她大半辈子的魏冉等人就像失去了父母的孩子无家可归，确实有些凄惨。但是，如若芈月继续霸占着秦国的主政大权到百年归老的话，恐怕到时她两眼一闭，魏冉这些老臣子便不愿再受秦昭襄王的统治而起兵造反，那秦国便会风云变幻了。

芈月陷入了两难的境地。不过，放权是必然的，芈月对此并无犹豫。只不过，如何平稳地过渡，如何让自己的老臣子也跟着自己一起放权呢？芈月思考了很久，最后决定一个一个地去说服他们，魏冉便是她第一个要说服的人。

“高处不胜寒啊！你坐高位如此之久，难道就不觉得疲倦吗？难道你就不想好好地歇会儿，安安稳稳地过完余生吗？难道你想要继续在朝政上游走，继续去攻伐各国，直到自己战死沙场吗？”芈月语重心长地说，“我知道秦国的疆土，有很大一部分是你跟芈戎和向寿他们一同打下来的，秦国的子民，秦国的王，还有秦国的太后我，都应该感谢你们。所以，我希望你们能够活在当下，希望你们的晚年能够活得轻松一些，不再被大大小小的战役所牵绊。”

“怎样才能轻松？把大权交出，然后等着被秦昭襄王找个什么理由拿走我等人头吗？”魏冉大笑，“那不可能！”

“我可以以性命担保，不管是现在还是将来，只要你们回到自己的封地，安心地过日子，绝对可以世世代代永享荣华，绝对不会有人对你们不利！”芈月拍着胸脯信誓旦旦地保证道。

征战沙场几十年的魏冉，也确实累了，既然芈月都说到这份儿上了，他还有什么理由不跟芈月共同进退呢？

于是，本着对芈月的信任，魏冉帮着芈月做通了芈戎等人的思想工作，他们平静地交出了手中的兵权，跟芈月一同退出了秦国的政治舞台。

活在当下，才是人生最圆满的选择。

芈月生存智慧：活在当下，做生活的主人

很多人都不切实际地去展望未来，对于过去又总是耿耿于怀，他们忘记了眼前的这一分钟，忘记了过好当下的每一分每一秒才是通往美好未来的必经之路。

生活是自己的，你可以选择做生活的仆人，也可以选择做生活的主人。活在当下，即是做生活的主人，自在地、洒脱地、无任何挂念地活着，多好！

活在当下，常怀感恩之心，感谢这一刻，我还活着，健康地活着；活在当下，常怀敬畏之心，敬畏这一刻，在无边无际的时空里，我们不是唯一的主宰；活在当下，常怀仁爱之心，珍爱这一刻，父母兄长还健在，子孙后代都健康；活在当下，常怀慈悲之心，感念这一刻，爱心在延续，生命在传递。

活在当下，不仅是一种人生感悟、一种人生智慧，更是一种积极向上的人生态度。

活在当下，以阳光的心态迎接雾霾，迎接狂风，迎接暴雨，不管前路多么崎岖，不管未来多么迷茫，只要心中布满了阳光，生活也就充满了欢欣和鼓舞。

活出芈月的风采：屠呦呦，第一位获得诺贝尔生理医学奖的华人科学家

屠呦呦，中国药学家，抗疟新药青蒿素的第一发现者。

2011年9月，她获得了被誉为诺贝尔奖“风向标”的拉斯克

临床医学奖，获奖理由是“因为发现青蒿素——一种用于治疗疟疾的药物，挽救了全球特别是发展中国家的数百万人的生命”。

2015 年 10 月，捷报再次传来，她因发现了青蒿素治疗疟疾的新疗法而与其他两位外国科学家分享了 2015 年诺贝尔奖生理学或医学奖，成为了获得诺贝尔科学奖项的第一位中国本土科学家、第一位获得诺贝尔生理医学奖的华人科学家。

屠呦呦 1930 年 12 月 30 日生于浙江省宁波市。因从小就对中药治病的奇效感兴趣，故 1951 年考入北京大学医学院的药学系生药学专业就读，毕业后被分到卫生部直属的中医研究院工作，专门从事生药、炮制及化学等中药研究。这一研究，便是一生。

1956 年，全国掀起防治血吸虫病的高潮。屠呦呦便对有效药物半边莲进行了生药学研究，之后又完成了品种比较复杂的中药银柴胡的生药学研究，这两项成果都被收入了《中药志》中。另外，屠呦呦还是 1978 年获卫生部医药卫生科技大会成果奖的《中药炮炙经验集成》一书的主要编著者之一。

屠呦呦身体不太好，患有结核病等慢性疾病，但她从未因病落下工作，不管是到野外采集标本，还是在室内进行试验研究，她都坚持自己完成。她领导科研组的同志们系统地整理了我国历代的医学典籍和本草，收集了 2000 多种方药，归纳编纂成了《抗疟方药集》，然后又从中选出了 200 多方药以现代科学组织进行筛选、提取，于 1971 年发现了对鼠疟、猴疟均具有 100％抗疟作用的青蒿素。青蒿素的研制成功是“建国 35 年以来 20 项重大医药科技成果”之一。

屠呦呦在中医药领域所取得的重大研究成果，给她带了至高无上的荣誉：1987 年被世界文化理事会授予阿尔伯特·爱因斯坦世界科学奖状，2004 年获得泰国玛希顿皇家医学贡献奖……

时隔40多年之后，已经是85岁高龄的屠呦呦获得了2015年诺贝尔奖生理学或医学奖。这是一个世界公认的卓越学术荣誉，这是对她在寻找青蒿素的艰难过程中所付出的辛勤汗水的肯定，更是对她将毕生的心血都投放在科学研究上的最大褒奖。

也许有人会觉得，这个奖项，有些姗姗来迟。40多年前的发明研究，如今才获得诺贝尔奖，在时间的延续上，确实有些迟了；但是对于一项科学研究来说，经过40多年的实践检验，恰恰证明了这项科学研究成果的牢固性和可靠性，所以，对于屠呦呦本人和她的科研伙伴们来说，这一切来得虽不算合时宜，但也绝对不能算迟。

其实，在2011年时，屠呦呦获得诺贝尔奖的呼声就很高，当时北京大学生命科学院院长饶毅就曾预言："屠呦呦和另外一位中医科学家值得获得诺贝尔奖。"当时她离诺贝尔奖仅一步之遥，获得了被誉为诺贝尔奖"风向标"的拉斯克临床医学奖。

对于那一年的得与失，屠呦呦并未觉得有什么。她很淡然地接受了这样的事实。她觉得自己只要活在当下就好，什么拉斯克奖，什么诺贝尔奖，对她来说并不是太重要，得了是锦上添花，不得也没什么损失，她只要坚定自己前行的方向，做好自己的研究工作，为人类社会的进步贡献自己的一份力量就好。

正是她那种活在当下的淡然态度，最终使她顶着"三无科学家"——无博士学历，无院士头衔，无留洋经历——的"名誉"成为中国内地第一位自然科学领域的诺贝尔奖获得者，饶院长的预言在四年之后成真。

做科学研究之人，无论是在哪里，无关身份，也无关头衔。屠呦呦用她的实际行动告诉了全中国人民这样一个看似浅显却又极为深奥的道理。

活在当下，是一种生活态度，更是一种人生享受。屠呦呦用她淡然的处世态度告诉了世界人民这样一个看似简单但做起来却极为不易的人生哲理。

2

走近芈月

活好每一天，便是活好一辈子

初入秦宫，秦惠文王似乎忘了芈月的存在，未曾去看过她，也不曾交代过侍女要多加照顾她，芈月感觉自己在偌大的秦宫里似乎就像是个多余的人。

魏冉随芈月到了秦国之后暂住在相国张仪家，无所事事的他常跟张仪打探有关芈月在秦国后宫的事。张仪告诉他，芈月入宫以来都没有机会见到秦惠文王。魏冉急了，他本来就对芈月因为要救他于水火之中而自愿入秦为妃一事有所愧疚，如若芈月一直在后宫遭受冷落的话，那么他心里就更不好受了，故此他央求张仪在秦惠文王面前多替芈月美言几句，起码让秦惠文王去见见他那貌美如花的姐姐也好。张仪自然没那左右王上意愿的本事，但安排魏冉进宫见见芈月的本事还是有的。

在张仪的安排之下，魏冉成功见到了芈月，芈月虽然未得恩宠，且又独自一人生活在秦宫某一个角落的小厢房里，但看起来气色不错，精神也很饱满，这很出乎魏冉的意料。魏冉本以为备受冷落的芈月会情绪低落、精神萎靡，可是真没想到芈月竟然还可以活得那么轻松淡然。

嫁入深宫要做好长期“战斗”的准备：不仅要跟后宫的嫔妃们“战斗”，不能让嫉妒的火焰烧伤自己，还要跟岁月“战斗”，不管得不得君宠，都要时刻保持自己的容颜不老，使自己永葆青春；另外，还要跟君王“战斗”，要想办法吸引君王的目光，想办法赢得君王的心。

所以，芈月一点儿都不掉以轻心，不管自己在别人眼中是不是多余的，自己每一天都要活得好好的，因为只有活好每一天，才能活好一辈子。

在她入燕为质，过着朝不保夕的日子时，她也没让自己失掉好好活着的信心，每天都会把自己打扮得清清爽爽、漂漂亮亮的。义渠王在燕国看到她时，不禁发出这样的感叹：秦王妃芈月之美，真是无处不在，完全不受环境所影响。

一辈子是由无数个每一天组成的，过好了每一天，一辈子还会过不好吗？芈月如是告诉我们。

赦免重罪，极力营救

楚怀王被芈月使计扣押在了秦国，这不仅让其他各诸侯国感到震惊，都对芈月这大胆的做法表示不满，更让秦昭襄王的妻子叶阳对芈月心生愤恨。

秦昭襄王深爱着叶阳，所以对叶阳曾提出：不管秦国和楚国如何争斗，秦国都不会对包括楚怀王在内的她的家人下毒手。虽然秦昭襄王也确实不愿对付楚怀王，但是秦国的朝政，是芈月说了算，芈月要挟持楚怀王以逼楚国割地求和，秦昭襄王也没有办法。

叶阳知道指望不了秦昭襄王救她的祖父楚怀王，故心生一计，自己亲自冒险去救祖父。

一日深夜，叶阳趁秦昭襄王在书房熟睡之际，偷偷潜入书房拿玉玺盖在自己早就拟好的诏书上，以期能够用假诏书将楚怀王从牢里救出。可没想到她一不小心弄出了声响，吵醒了熟睡中的秦昭襄王。秦昭襄王虽然对于叶阳犯下杀头的重罪心痛不已，但是又狠不下心来治心爱妻子的罪。然而，他就此放过叶阳的话，很可能会破坏母后芈月早就设计好的一切。正在他为治不治叶阳的罪进行思想斗争时，叶阳发了疯似的扑向他，跟他扭打在一起，混乱之中，叶阳用刀刺伤了秦昭襄王，然后拿着假诏书去牢房把楚怀王救出，一同逃离了秦国。

尽管秦昭襄王的伤势并无大碍，但芈月对叶阳刺伤秦昭襄王并救走楚怀王之事还是感到非常的愤怒，即刻派人去追赶出逃的两人。不过，冷静地思考了片刻之后，芈月心软了，只要求将士们活捉楚怀王，对于叶阳，芈月决定放她一马，让她远走高飞。

秦昭襄王对于芈月所作出的这个决定感到非常震惊，他实在想不明白，为什么芈月要放过犯下如此重罪的叶阳。

芈月告诉秦昭襄王，她理解叶阳，她知道叶阳出此下策实在是被逼无奈，她也并非有意刺伤自己的夫君，完全是一时失手所致，她一个弱女子，夹在祖父和夫君之间，确实是太不容易了。芈月放她远走，只要她还好好地活着，等事情淡去了，她还有回秦国与夫君团聚的一日。如若芈月硬是派人把她抓回来，那么她必然要受到重罚，到时恐怕性命难保，做夫妻的，有今生没来世，她不愿看到秦昭襄王亲手将自己心爱的妻子送上黄泉的那一幕。

芈月让秦昭襄王要珍惜当下，要努力活在当下，不管叶阳有多任性，不管叶阳做了多么对不起他的事，只要他还爱着她，就不要轻易地放开她的手。

只有活在当下，才能将现有的幸福牢牢抓住。

半月生存智慧：珍惜生命，把每一天都当成最后一天来过

生命的最后一天意味着什么？如果真到了生命的最后一天，我们要做些什么呢？

没有人知道哪一天是自己生命的最后一天，或许是下一秒，或许是明天，又或许是后天……

生命太过脆弱，灾难随时都有可能降临，我们要珍惜生命，做好每一天都是最后一天的心理准备，最好能把活着的每一天当作生命中的最后一天来过，及早地做你想要做的事，不要等到那个不该来的日子来时才急急忙忙地去做。人生不可能没有遗憾，但是有些遗憾是可以避免的。

人们常说，假如有来世……但世界上没有假如。

那些想要做到的事，那些能做的事，那些务必要做的事，不要等到生命即将结束时才发现自己已经来不及去做了，已经再没有机会去弥补那些没有做的遗憾了，此时再来后悔，再来责怪，都太迟了。

珍爱生命，把每一天都当成生命中的最后一天来过，那样的话，至少，遗憾会少一些……

活出半月的风采：梅艳芳，一个华人界的音乐神话

梅艳芳，一个富有诗意的名字，背后藏着一个天生的歌手，一个华人界的音乐神话。

1982年，她穿着一袭锦瑟的舞衣，披着一头长卷发，以沧桑低沉的嗓音唱了一首《风的季节》，获得了“第一届新秀大赛”的冠军。随后她签约华星唱片公司，推出了第一张专辑《心债》而正式踏入歌坛。

1983年，她因新唱片《赤色梅艳芳》中的主打歌《赤的疑惑》开始走红，之后出唱片、开演唱会、演电影、拍电视剧，全面进军娱乐圈，成为影、视、歌多栖明星，拿了无数音乐和影视大奖。

正当梅艳芳红极一时成为演艺圈的大姐大时，噩耗传来，她患上了宫颈癌。

其实，据她的主治医生介绍，她本来是有机会治愈的，因为她被查出患有宫颈癌时属零期阶段，如果她及时治疗的话，应该不至于会失掉生命。但出于种种原因，她延误了治疗，最终失去了治疗的良机而撒手人寰。

很多人在为梅艳芳年仅40岁便离世而感到惋惜之时，不免又对她有些不满，觉得她是故意不愿面对自己的病情，故意拒绝接受治疗，以致延误了自己的病情。

其实不然。哪个女人不想建立一个幸福的小家庭？哪个女人不想生个孩子，做一回母亲？当她被告知罹患宫颈癌时，医生建议她割掉子宫以杜绝癌细胞扩散，她怎么也不肯答应，因为切除了子宫就意味着她这一生都不可能做一位伟大的母亲了。她一定要搏一搏，希望在自己病情加重之前组建一个小家庭，生个一儿半女，以弥补她在童年时代缺失的家庭温馨感。当然，对于一个天生的音乐家来说，她活着的最大愿望便是开演唱会，所以，她拒绝接受医生最初的治疗意见，只管活好每一天，只管一心一意地去搞好自己的演唱会，找到一个好男人嫁了。

然而，非常可惜，梅艳芳在生命走到了尽头之时，也未能把自己交托到一个可以托付终身的男人手上。不过，在她生命中却出现了两个让她一辈子都难以忘怀的男人，一个是张国荣，一个是刘德华。她跟张国荣之间的感情超越了友情，但又绝对不可能是爱情；她跟刘德华之间有着20多年理不清也剪不断的暧昧情愫，或许她真的一直都深爱着刘德华，只不过，两个人做好朋友要比做恋人来得长久。

2003年11月，已经病入膏肓的梅艳芳带病踏上了红馆舞台，举行了她这一生中最后一场演唱会，算是她对这个世界的一个告别，也算是对她短暂的音乐生涯的一个总结。

2003年12月30日，这个在她生命的最后旅程里高呼“活好每一天，便是活好一辈子”的坚强女神，与世长辞了。

世事无常，每一天都有可能是我们生命中的最后一天，所以，能活好每一天，就务必要好好地活。一辈子说长，其实也真的不算长……

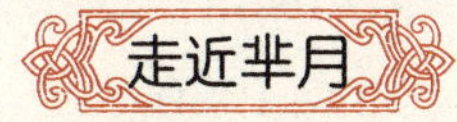

走近芈月

敢于追求美好，要将美好变成永恒

美好的东西，谁都想拥有，但并不是人人都有勇气去追求，也不是人人都有信心努力将其变成永恒。

秦惠文王毕生最伟大也最美好的愿望就是攻伐其他各诸侯国，使他们归顺秦国，一统天下。芈月在嫁给秦惠文王之后，受到秦惠文王的影响,也在心底默默地立下了这么一个美好的宏愿。可是,一统天下谈何容易?要灭掉其他战国六雄,简直是难于上青天。但是,芈月从未却步过,也从未放弃过对这等美好之事的奋力追求。

芈月在把持秦国朝政的40余年中,为了强秦和完成统一大业,制定了不少在历史上比较有名的策略,如"重邦交,辅以征战"的策略、用"连横"的办法去破"和纵"以瓦解东方各国结盟的策略、联楚弱楚的策略等。尽管芈月到死的那一天也未能看到秦国一统天下的局面,但是不可否认的是,若没有她40余年来不断征战扩疆土、不断磨炼推新兵、不断变法强秦国,秦始皇要想称帝,恐怕也是镜花水月。

在芈月一统天下的努力过程中,最大的阻力来自于秦国的内部。自芈月从燕国起行回秦国的那一刻开始,就不断有人要暗杀她。她好不容易把反对嬴稷登基的势力肃清了,自己也手握大权了,朝中依然有大臣不服,不停地在她背后搞小动作以破坏她的各种征伐谋略。其中,让人印象最为深刻的是那些反对芈月的臣子竟然利用叶阳的单纯和善良来破坏芈月的征战大计。

秦昭襄王之妻叶阳向来都是一个温柔贤惠、不谙世事的女子,完全不懂什么国事战局,她的祖父楚怀王被芈月扣押在秦国,她除了能想到去求秦昭襄王网开一面之外,想不出其他好方法去救楚怀王,可是后来她却能够用假诏书成功营救祖父。据芈月分析,肯定是有朝中大臣暗中教唆她。当时芈月制定了一个周详的强秦计划,挟持楚怀王对整个计划起着决定性的作用,叶阳把楚怀王救走了,无疑就破坏了芈月的计划,不过幸好芈月及时派人把楚怀王找回来了,不然芈月前期所做的所有工作就白费了。

芈月就是这样，不管前路如何艰难，不管遭遇到多大的挫折和重创，都不曾放弃追求美好的愿望，不曾放弃一统天下的决心。不管付出多大的代价，作出多大的牺牲，她都要将心中的美好愿望变为现实，变为永恒。

死里逃生，将美好愿望进行到底

芈月好不容易带嬴稷回到秦国，可是却面临更大的困难，这不仅仅是争不争王位的问题，而且还牵涉到了人命。芈月之所以对以惠文后为首的力推嬴荡公子为王的反对派痛下杀手，就是因为他们曾先下手，差点要了芈月的命。

有一晚，芈月准备就寝了，却有侍女来报，说她的表弟向寿家遭大火突袭，死伤不计其数，甚至可能已遭灭门。芈月一时情急，没顾得上带士兵，只带领一个侍女和抬凤辇的侍从就往宫外向寿家赶。

出宫途中有一条幽僻的小路，白天里就没什么人把守，晚上更是渺无人迹。当芈月乘坐的凤辇走到这条路上时，阴风阵阵，突然几声尖叫划破长空，几个黑衣人从天而降，将侍从和侍女都杀死了，剩下了芈月一个人。

正当黑衣人欲将利剑刺向凤辇里的芈月时，生长于乡野之地的芈月身手敏捷，将随身携带的一把小匕首甩向刺过来的利剑，然后趁黑衣人躲避匕首的空档冲下凤辇，拾起地上侍女掉的一个灯笼就跑。芈月一边跑一边观察路线，发现前方不远处有个偏殿，于是奋力跑向那个偏殿，还急中生智将自己手中的灯笼向后面追赶她的黑衣人扔去以干扰他们。灯笼被跑在最前面的一个黑衣人打落了,掉在地上引燃了地上的一个草堆,瞬间挡住了黑衣人的去路。

芈月正好抢得时机快步奔向偏殿,其中一个黑衣人迅速跳起跃过草堆继续追赶芈月,眼看就要抓到芈月了,芈月一紧张,就摔了个趔趄。黑衣人大笑,举起长剑朝芈月的胸口刺去,芈月慌忙中抓起地上的泥土洒了黑衣人一脸。趁黑衣人擦眼睛之时,芈月赶紧爬起来继续往前跑。这时,后来跃过草堆追上来的一个黑衣人见芈月又一次得以逃脱,气急了,从袖子里取出一把小匕首向芈月掷去,不偏不倚,刺中了芈月的后背。芈月忍着疼痛,继续狂跑,不过还未跑到偏殿便因体力不支而跌倒了。正当几个黑衣人慢慢向躺在地上的芈月靠近时,魏冉和芈戎突然从草丛里跳了出来,击退了黑衣人,受了伤的芈月这才转危为安。

骗芈月出宫,然后找人暗杀她,不用说,谁都知道是那些反对派干的“好事”。芈月这次真是死里逃生,若魏冉和芈戎晚来几秒钟,芈月就成为了刀下亡魂。

其实芈月一开始并未想赶尽杀绝,女人何苦为难女人呢?芈月本想放过惠文后,但是没想到她已经动手了,而且很可能已经在找机会暗杀嬴稷了,芈月绝不容许别人伤害她和她的孩子,她和嬴稷的命要留着为秦惠文王实现宏愿。故芈月狠下心来,下令魏冉和芈戎抢在他们暗杀嬴稷之前,先把他们都解决掉。

每次遇到大困难或是大挫折,芈月都会回忆一下被暗杀时的情景,告诫自己,死都不怕了,难道还怕眼前的这点困难吗?希望在前方,即使遇到再大的风浪,她都要和儿子一起将美好的愿望进行到底。正是在这种信念的支撑下,她守了秦国 40 余年……

半月生存智慧：勇敢地去追，别让美好随时光溜走

一切美好都是人类最好的朋友。

美好是我们人生的见证者，是我们情感的锤炼者，拥有了它，即拥有了幸福，拥有了快乐。

然而，许多的快乐，许多的幸福，许多的故事，许多的回忆，这许许多多的美好，都可能转瞬即逝，我们若想将它们永留心间，不让它们随时光流走，唯有勇敢地去追求。

人生，就好比是一壶茶，初泡时浓郁香甜，越泡就越淡，直至无味。不过，就算那杯茶已被泡得无味了，但那最初的甘甜已然留在人们心间，永恒如昨。美好亦如是。

尽管美好会被时光和年龄给带走，尽管它的存在很可能只不过是一瞬间，但只要它曾经出现过，我们便可用力地去抓住它、奋力地去追赶它，用另外的一种方式将其紧紧握在手心，让其成为永恒。

活出半月的风采：安格拉·默克尔，德国历史上第一位女总理

被称为“德国铁娘子”的安格拉·默克尔是德国历史上的第一位女总理。

身为牧师的女儿，安格拉·默克尔在每间屋子都有可能存在东德警察告密者的社会里度过了生命的前36年，养成了良好

的掩饰能力和控制情绪的能力，语言能力也很强，除了德语外，她还会说多国语言，这为她日后成为德国总理参与外交活动打下了坚实的基础。

1989 年 11 月，柏林墙“倒塌”事件发生后，身为物理学家的她加入了东德的“民主崛起”组织，之后还进入了东德时期的最后一届政府，成为德·梅齐埃总理的副发言人，正式开始了她的政治生涯。

1990 年底，安格拉·默克尔被赫尔穆特·科尔纳入了内阁，从那时开始，她便渐渐在德国政坛中崭露头角了。

在 2000 年 4 月召开的埃森党代会上，安格拉·默克尔登上了基民盟的权力顶峰，当选为基民盟主席。

其实，在她当选基民盟主席之前，大家并不看好她，党内一些野心勃勃的新生代政治家还在心里打着小算盘想要取代她。不过，安格拉·默克尔在几年的政坛沉浮中练就了一身好本领，牢牢地把党主席的权力抓在手上，任何人任何事都不能迫使她放权。

安格拉·默克尔毕生都在为一个美好的愿望努力奋斗，这个愿望即“为德国效力”。

基民盟是一个保守党，历来都是由男人做领导，如今安格拉·默克尔这样一个小女子掌控着基民盟，着实让人很意外。很多人起初是不服的，但是安格拉·默克尔用她实干、坚定、务实的工作作风逐渐赢得了党内绝大多数人士的支持。

为了更好地“为德国效力”，使她这个宏愿变成现实，安格拉·默克尔大胆果敢地“向上爬”，终于在 2005 年 11 月 22 日那天正式成为德国第一位女性联邦总理，成为 1000 多年前神圣的罗马帝国的狄奥凡诺女皇之后第一位领导日耳曼的女性，之后还连任了三届。

在安格拉·默克尔执政德国期间，失业率持续下降，股票指数的涨幅也超过了全球各大股指，德国不仅恢复了工业实力，在纯经济领域以外的影响力也不断增长，安格拉·默克尔赢得了国内绝大部分选民的支持。

安格拉·默克尔不愧是一个成熟的政治家，凭着自己超越常人的政治智慧和领导手腕稳坐德国总理的位置，引领着德国的政治、经济飞速向前发展。所以，有消息称，安格拉·默克尔可能在 2017 年的时候获得“四连任”，将她那个“为德国效力”的美好愿望进行到底。

4

走近芈月

进退自如，把生活过成自己想要的样子

天下间很多女子都会受到爱情的牵绊，芈月却没有。因为她是一个进退自如、超级理智之人，对每一段感情的到来和离去，她都拿捏得很准。

秦惠文王虽然非常宠幸芈月，但是他并未将自己的整颗心都给她。在他心里，惠文后要比芈月重要得多，不然他也不会明知道惠文后之子嬴荡并非最好的储王人选之后，还是选择将储王之位传给他。

这一点，芈月比谁都清楚。可是，芈月是真心爱秦惠文

王的。

尽管起初她入秦为妃，一来是为了救自己的弟弟魏冉，二来是她也需要一个有身份、有地位的夫君让她过上稳定的生活。但是，当她下定决心把黄歇从心里删除之后，秦惠文王如长兄般照顾她，给予了她最大的温暖和包容，她的心开始慢慢依恋上秦惠文王。秦惠文王对芈月的好，芈月记在心里，也曾经一度欣喜地认为秦惠文王是真心实意地爱她的，可是在她怀孕之后，她发现，秦惠文王对她慢慢变冷淡了，若不是觉得她有才干、有能力，能够帮他出谋划策，恐怕根本不会再常去她的寝宫。那时，芈月就知道，她跟秦惠文王之间的距离，是一段遥远的心的距离。从此以后，即使芈月每日还是在秦惠文王身边辅佐他处理朝政事务，但心却渐渐远离，她不再对秦惠文王抱任何期望，只求他能多爱他们的孩子一些。

后来，她遇到义渠王，义渠王总是在她危难之际挺身而出，芈月的心再一次沦陷，不可救药地爱上了他。然而，他们之间的距离比她跟秦惠文王之间的距离还要大，不过这距离不是心的距离，而是现实身份、地位的差距。芈月一开始就知道两人的感情不会有好结果，但她是一个再艰难也会努力过上自己想要的生活的超级倔强的女子，故不顾一切地跟义渠王在一起。

当激情退去，残酷的现实摆在眼前时，芈月又及时地将她对义渠王的爱收回，绝不让情感羁绊自己前行的路，不让爱情成为自己成就一番大事业的最大阻滞。

不管是在事业上，还是在感情上，芈月都能时刻保持清醒，该进则进，该退则退，始终保持进退自如的姿态，将生活过成自己想要的样子。

即使再爱他，也不能纵容他肆意妄为

如果说魏丑夫似一碗心灵鸡汤，能够帮助芈月舒缓心中的郁结的话，那么甘土就似一把烈焰玫瑰，带给芈月的是激情，虽然那只是昙花一现的激情。

魏丑夫和甘土，在芈月晚年一左一右地陪伴着她度过了一个又一个春秋，让她寂寞的内心得以安放。

魏丑夫和甘土相比，芈月更喜欢甘土一些。

甘土虽然只不过是一个街头卖艺之人，但是芈月从见到他的第一眼开始，便对他有了别样的情愫，因为他长得酷似义渠王。

尽管芈月贵为秦国的太后，可是容颜已老，所以她跟年轻的甘土在一起时，心里还是有些压力的。她曾问过甘土，为什么会对她情有独钟？甘土自然不会说因为芈月有权有势，他想要"攀龙附凤"了，而是卖乖地说，芈月风韵犹存，且在她身上，他看到了成熟女人的韵味。芈月对这个答案非常满意，在甘土甜言蜜语的包裹下，渐渐将自己的真心交给了甘土，而冷落了魏丑夫。

魏丑夫此人温柔无比，对芈月的照顾也是尽心尽力的，秦昭襄王对他的印象还算不错，很放心将年事已高的母后芈月交由他照顾。但是，他对甘土就极为不满。

甘土此人过于自大，且又自负，以为得到了芈月的真心，便可任意妄为了。殊不知，不仅秦昭襄王想置他于死地，就连整日跟他一同侍候芈月的魏丑夫也对他恨之入骨。在魏丑夫的推波助澜之下，甘土酒后在大街上与人比武，还一时气愤把人给打死了。秦昭襄王对此十分愤怒,欲严格按照秦国律法严惩甘土。

这让芈月陷入了两难的境地。她哪里舍得让甘土人头落地啊,难得在百年归老之前找到一个可以倾心的人。可是她又怎么能纵容甘土杀人呢?她身为一国太后,绝不允许任何人徇私枉法,包括她自己,她要生活在一个有法可依且又绝对依法办事的国度里。

在甘土被处斩之前,芈月去见了他最后一面,跟他道别,也顺便把这段情断了。甘土看到芈月,一把眼泪一把鼻涕地求她看在他们之间的情分上救他一命,芈月一字一顿地告诉他:"我可以给你我的心,给你一生荣华富贵,但不能给你生杀大权,你就好好地上路吧!"说完,芈月转身离去,眼泪在眼眶里打转。

每个女人都有自己想要过的生活,如若身边的那个人无法跟自己的步调保持一致的话,那就不要犹豫,要像芈月那样,该放手时就放手,该转身时就转身;只知进不知退,只会拖住自己的后腿,使自己无法前进。

芈月生存智慧:人在进取的同时,也要学会退守

人生,其实就是一个大舞台,每一个人每一天都会在这个大舞台上唱歌或是跳舞,展示自己。

你在这个舞台上的表现是否优秀,是否快乐,主要看你能否把握好分寸,能否做到进退自如,能否掌握好每一支舞和每一首歌的节奏。你生命的弧线,就在这一进一退之间张弛。

"路径窄处,留一步与人行;滋味浓时,减三分让人尝。此涉世一极安乐法。"《菜根谭》中的这句话,便是一种进退之道。路过狭窄的路口,不妨侧一侧身,让其他人先过去,这不仅是一种

美德，更是一种生活的智慧。从表面看，似乎你是吃亏了，但如若你不让，对方也不相让的话，势必会起争执、起冲突，那么结果可想而知，两败俱伤。你稍作退让的话，不仅可以免去麻烦，还能赢得一个好口碑。正如列宁所说的："退一步是为了进三步。"何乐而不为呢？

所以，我们在进取的时候，一定也要学会适时地退守，不要在乎别人的眼光，也不要去管他人如何说，走自己的路，做自己的事，活出真我的风采，过好自己想过的生活，便好。

人生如战场，只有自己才是这场硬仗中的主角。人的一生之中，最大的敌人不是别人，正是自己。你不可能超越所有的人，但却可以超越自己。只有超越了自己，才能真正发挥自己的极限潜力，使自己矗立于巅峰之上。

活出半月的风采：卡莉·费奥瑞纳，世界第一女 CEO

卡莉·费奥瑞纳，惠普公司前总裁，世界第一女 CEO。

费奥瑞纳从斯坦福大学毕业之后，先是从事秘书工作，然后上讲台执教鞭，之后又投身于美国电话电报公司 AT&T 做销售员，于 1995 年参与 AT&T 分拆朗讯科技后便平步青云，1998 年升为朗讯科技全球服务供应业务部行政总监。

1999 年，45 岁的费奥瑞纳从朗讯公司"空降"到惠普公司出任首席执行官，成为道琼斯工业指数成分股企业中唯一的女性总裁，彻底颠覆了惠普公司高层主管由男性当家的传统，在当时引起了很大的轰动。大家都为这个只懂营销而没有职业技术背景的女人捏一把汗，觉得她一定胜任不了这个职位，一定不能救惠普。当时的惠普公司，在 1997 年和 1998 年连续两年营业收入远远落后于市场预期，公司正面临着前所未有的困境。

如何改变这种困境，是费奥瑞纳上任之后首先要解决的大问题。

“我们会去糟存精，沿袭惠普文化，包括对人的尊重与信任、追求卓越的成就与贡献、团队合作和鼓励创新等核心价值，需要改革的是各公司依据产业特性发展出的执行方法。”费奥瑞纳认为，惠普所面临的问题是外部竞争环境的改变和内部文化的不适应所造成的。

于是，她首先抓重点、切要害，对惠普公司进行重新整合，将公司内部自负盈亏的 80 多个生产部门整合成了 10 多个事业部门，然后统一调配研发经费，做好未来的投资，成功将互联网引入到公司的业务运营及客户服务中。

为加快惠普的战略实施进度，在日新月异的技术市场中高速发展并提高股东和客户的长期价值，费奥瑞纳做了一个大胆的创举，以破纪录的 200 亿美元收购价把惠普公司最大的对手康柏公司收购了。此次收购意义重大，远远超越了商业行为的范畴，在美国历史上写下了浓墨重彩的一笔，而且还使费奥瑞纳成为全球最优秀的女性企业领导者之一，受到了世界人民的关注。

谁会想到，这位在商界叱咤风云的成功女性，在 20 世纪 80 年代第一次申请史密斯商学院的 MBA 学习时，竟然会被拒之门外。不过，费奥瑞纳是那种性格坚毅、奋力前进的女子，她想要走的路，想要过的生活，必然会拼尽全力去实现。于是，她找到了当时学院招生委员会的领导人 Emeritus Ed Locke 教授进行自我推荐，成功说服了 Locke 教授同意了她的入学申请。如今，她可谓是史密斯商学院公认的最具影响力的毕业生之一。

2005 年初，费奥瑞纳卸下了惠普主席兼首席执行官的职务，结束了在惠普的六年职业生涯。原因在于，她大刀阔斧地进行企业改革使惠普公司与康柏公司成功并购的做法，虽然获得了成功，但还是遭到了公司内部人员的强烈反对，迫于压力，她选择了离职，使自己止步于职业的巅峰。

人在进取的同时，也要学会退守，要根据变化了的情况作出最优的选择。正如费奥瑞纳所说的："过去 25 年的商业及科技经验告诉我，与科技对抗的商业模式必定失败，抵制强大的个人需求力量及过多控制他们的生活方式的商业模式也必然失败，同样，不积极掌握变化的人也会被这样的变化吞噬。"

芈姝

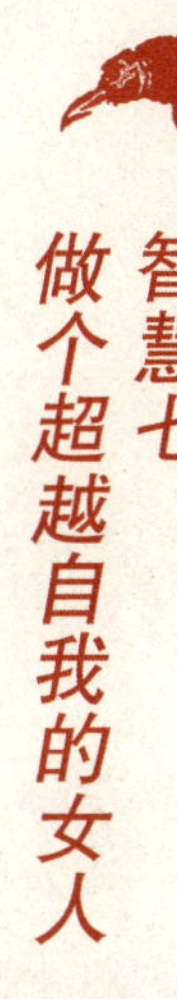

智慧七：做个超越自我的女人

芈月说：「我不墨守成规，也不怀挟偏见，我既能一掷决生死，又能一笑泯恩仇。」

人的一生之中，不是经历失败，就是收获成功。而失败和成功之间仅仅隔着一座“桥”，这座“桥”的名字叫“超越”。

超越自我，是一种极限的突破，一种难能可贵的精神。

或许，有人会说，我们没有马良的神笔，所以写不出闻名于世的伟大著作；没有七色花，所以实现不了自己的宏愿。但是，我们可以有一颗积极向上的心，一份永不言败的信念，一种“超越自我”的精神，一个“挑战自我”的意念。只要我们用心去耕耘，用心去创造，勇于打破自我设置的障碍，敢于超越自我，必将迎来生命的精彩。

因为，人只有在不断超越自我的过程中，才会如凤凰涅槃般获得新生。

因为，人只有在不断挑战自我的过程中，才能激发出无限的潜能。

心有多大，舞台就有多宽广。

1

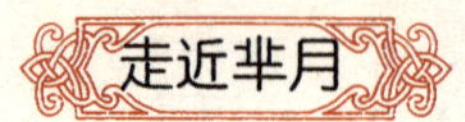

心有多大，舞台就有多宽广

女人的心究竟会有多大呢？

对于一个普通女人而言，她的心似乎只有巴掌那么大，只装得下她的男人和孩子。但是，对于一个胸怀大志的女人来说，她的心有无限的宽广，广到可以装得下一个国家、一片江山。

芈月就属于后者。当然，芈月并不是一出生便有如此广大的胸怀的。

虽然生于王族，但芈月一开始并未奢望能够攀龙附凤嫁给君王，她只求一个爱自己、能让自己过上简单优越的生活的男子。

然而命运弄人。她爱的人尽管也深爱着自己，但阻隔在两人之间的，是一堵不可逾越的高墙。万般无奈之下，芈月只好另觅良君。

伟岸的男子，出类拔萃的男子，必然有其忧虑，有其重责。

秦惠文王，如此霸气、如此意气风发的男子，又怎么甘心只做一个秦王而已呢？

芈月走进了他的内心，强烈地感受到了他心中那股勃勃的野心，她爱他，所以也爱上了他的事业。

她为他出谋划策，一心一意地辅助他，为他铺就帝王路。

可惜，另一个爱她爱得如痴如醉的男子——义渠王的出现，破坏了他们夫妻二人的“同心协力”，将他们之间的情感凿出了一个缺口。

这时，她才发现，秦惠文王最爱的并非是她，而是他的统一大业，是他的大片江山。

她万念俱灰，含泪离去。然而，他的事业已然牢牢地印刻在了她的心口上，她把统一中国的宏伟大业当成了自己一生最大的追求。

所以，在秦惠文王驾崩之后，在嬴荡举鼎而亡之后，她携子回秦，用血与泪为自己的亲儿嬴稷铺就了帝王路，而自己则以皇太后的身份主持秦国的朝政几十年。

在她主政的那些年里，她不断地讨伐征战，不断地拓展秦国的疆土，不断地瓦解各诸侯国的势力，斗志强得连她自己都不敢相信。

她一介女流，就这样扛起了强秦之任，扛起了一统江山之责。

心有多大，舞台就有多宽广。芈月在战国中后期的舞台上，绘出了最壮丽的战争画卷，演绎了最热血的一段历史。

铁腕集权，兵指垂沙强秦又固秦

公元前 303 年初春，秦国皇太后芈月大肆启用外戚，封同母异父的弟弟魏冉为大将军镇守咸阳，封同胞弟弟芈戎为将军，另外，还将堂弟向寿派去镇守宜阳，秦国的京畿要地和军机大权几乎都掌握在了芈月和她的外戚手上。如此一来，以芈月为首、以嬴稷为核心的军政集团便由此而形成了。

在稳定了内部政权之后，芈月又开始将她的羽翼向外伸展，开始了常年对外征战。攻打楚国的蓝田，是在芈月的精心策划和安排之下进行的。芈月其实早就想对楚国下手了，只是时机尚未成熟。如今，她觉得是时候出兵伐楚为秦国统一列国铺路了，故不管嬴稷对妻子叶阳的母国有多深的眷恋，都决定以秦国的发展为重。

蓝田军营里秦军的旗帜高高飘扬着，三军将士整齐站立着，排成了一个个巨大的方阵，秦昭襄王嬴稷站在三军的正前方，一脸傲气地望着远方。

芈月站在距离方阵不远处的地方，望着这浩浩荡荡的军队，望着她精心培育了多年的君王，心中不免有些欣喜，又有些担忧。

喜的是她终于等到了铁腕集权的这一刻，终于等到了兵指垂沙的这一天。

而忧的是，自从秦昭襄王嬴稷登基以来，秦国的朝政一直都掌握在她的手中，朝政的每一个决定，不管是前朝的还是后宫的，都是她一个人说了算，嬴稷从来不会有半点相左的意见。然而，看嬴稷今天统领三军的架势，他真的是长大了、成熟了，也稳重了，那么，如此一来，他还会甘心受芈月的钳制吗？

一开始，芈月自愿担起强秦的重任，完全是因为爱屋及乌的关系。当秦惠文王离去之后，她扶持嬴稷登基，那时的嬴稷还小，她身为他的母后，自然要担起辅佐他的义务，可是在主持秦国朝政的这些年里，每一次调兵，每一次攻伐，每一次施政，哪一样她不亲力亲为，哪一样她不尽心尽力？不知不觉中，她已然喜欢上了管理朝政，在管理朝政的过程中找到了自我的人生乐趣，她把战国时局当成了释放自我、超越自我的人生舞台。所以，看到嬴稷慢慢有了主政的风范，她心中不免有些忧心。

不过，秦国的江山始终是姓"秦"的，芈月不会去僭越，因为她知道，自己的使命就是强秦，在秦国强大了之后，她便要放权，便要退隐，这对她来说是最大的人生超越。

临出征前，嬴稷心底涌出了一丝对叶阳的愧疚之感，故问芈月："母后，这一仗势必要打，绝不退缩，是吗？"

芈月重重地点点头："出征！"

芈月一声令下，在秦昭襄王嬴稷的带领之下，秦国十几万将士浩浩荡荡地向楚国进发了。

望着秦国众将士威武出征的背影，她笑了。

这就是她想要的结果，这就是她想要的人生，因为她想要天下，她想代表秦国尽收天下疆土。

攻打楚国，只不过拉开了一个序幕而已。

这个序幕，一直都在芈月的计划之中，只不过有太多的因素使她一而再再而三地推迟：一来芈月自己是楚国人，她自然不想看到母国血流成河；二来秦国之前一直都没把握能够把强大的楚国一举拿下，所以芈月做了很多的部署、很多的改革、很多的创新、很多的设置，甚至挖了一个陷阱让楚怀王一步一步地掉进去，将楚国大大削弱之后，她才举起军旗，号令三军攻伐楚国。

心中装得了天下的女人，即使不能一举拿下天下，也一直走在争夺天下的征途之上。

芈月生存智慧：勇往直前，永远不能停下超越自我的脚步

通往成功的道路，是崎岖的，是漫长的，而且一路上隐藏着无数的"恶魔"，有人为制造的"魔鬼"阻路，也有心魔阻挡着我们前行的脚步。

那些人为的"魔鬼",我们似乎向来不甚畏惧,奋力迎战即可,然而心魔的出现,却有可能把我们击得溃不成军。

只有战胜了心魔,才能够战胜自己。

只有战胜了自己,才能超越自己。

只有超越了自己,才能真正走向成功,走向幸福美好的未来。

可是,我们要怎样才能各个击破,顺利到达成功的彼岸呢?

很简单,那就是勇往直前,不管遇到怎样的困难阻滞,人为的也罢,自我设置的心理障碍也罢,都不要让它们羁绊住我们前行的脚步。

只要我们永不停歇地一路向前,一路超越,终有一天,能够收获我们想要的一切。

只要我们永不言弃,永不言败,在人生这个大舞台上,永不停下起跳的舞步,最终的掌声必然会属于我们。

人,只有超越了自己,才能赢得成功。

人,只有勇往直前,永远不停下超越自我的脚步,才能成为一个常胜将军。

活出芈月的风采:埃尔弗里德·耶利内克,从温顺的音乐神童到享誉世界的女作家

埃尔弗里德·耶利内克,1946 年生于奥地利一个名门望族,自幼开始学习钢琴、管风琴和八孔长笛,在维也纳音乐学校获得了风琴师文凭。后又攻读戏剧和艺术史,在 60 年代中期走上了文坛,主要进行诗歌、戏剧和小说创作,专业的音乐素养使她创作出了很多与众不同的文学作品。

《做情人的女人们》《美妙的年代》和《钢琴教师》这三部小说是她比较有影响力的作品，征服了众多的德国读者，其中，《钢琴教师》于 2001 年被导演麦克尔·汉内克搬上了银幕。

1998 年，她获得了人生中的第一个文学奖项——德语文学的最高奖毕希纳文学奖，使她从一个温顺的音乐神童跃身变成了一个享誉世界的女作家。

之后，耶利内克用德语、英语和法语创作了多部体裁多样的作品，有散文，有诗歌，有小说，还有影视脚本，其中小说《乐趣》和《遗孤》在欧洲颇有影响力。耶利内克的作品很多都涉及女性话题，所以她备受女性读者的欢迎。人们将她誉为当代奥地利文学创作的领路人，是中欧公认的最重要的文学家之一。

2004 年，耶利内克获得了诺贝尔文学奖。授奖的理由是：她用超凡的语言以及在小说中表现出的音乐动感，显示了社会的荒谬以及它们使人屈服的奇异力量。

但是，耶利内克对此并未感到兴奋和快乐，而是感到绝望，故召开记者发布会宣布不会去斯德哥尔摩领取诺贝尔文学奖，这引起了世界的一片哗然。

诺贝尔文学奖是何等有分量的奖项啊，世界上不知多少知名作家翘首以望，她得到了，却公然宣布不去领奖，这是为什么呢？

耶利内克解释说，一来是因为自己的身体不方便去领奖，二来是觉得自己没有资格获得这一大奖，她认为这一奖项应该颁给另外一位奥地利作家。

耶利内克曾获得过不来梅文学奖、柏林戏剧奖、莱辛批评家奖等诸多奖项。按照她的实力，得诺贝尔文学奖完全是意料之中的事，可是在她看来这却是个意外。

为什么她收到这个消息之后会感到绝望呢？有人分析，那是因为耶利内克一直都在追求超越自我的快感，一旦她拿到了目前世界上文学作品奖级别最高的奖项——诺贝尔文学奖的话，那就不再有进步的空间，不再有超越自我的可能了。

我们只能说，耶利内克的内心世界真的很宽广，以至于她的文学舞台更为辽阔。但不管怎样，2004年诺贝尔文学奖的桂冠还是戴在了她的头上。她确实也为奥地利竖起了一面“对于我们的社会和政治生活不可缺少的”镜子。

我们要像埃尔弗里德·耶利内克那样，具有不断超越自我的决心和信念，任何荣誉、任何赞誉都不能让我们停下超越自我的脚步。

2

走近芈月

熬得过昨天，就过得了今天，去得了明天

对于男人而言，没有谁一出生就能够得天下，即使你是帝王之后，往往也要经过一轮又一轮父兄之间的明争暗斗才能够登基为王。

对于女人而言，更没有谁一出生就能够成为一代皇后、一代皇太后，甚至是一代主政的女“帝王”。

芈月能够成为中华五千年来的第一位皇太后，第一位实际掌握军政大权的女流之辈，不知经历了多少个难熬的昨天，走过多少揪心的今天……

而支撑芈月一路走过来的，是她心中一直坚守着的那个信念：“熬得过昨天，就过得了今天，去得了明天。”

后宫之中，不管哪个嫔妃怀了身孕，对帝王来说或许是一件好事，但是对当事嫔妃而言却是一件极大的"坏事"。十月怀胎，任何变数都会发生。

芈月入秦为妃之后，所遭遇到的最大的危机便是怀孕之时了。

本来芈月深受秦惠文王的宠爱已经惹来了很多羡慕又嫉恨的目光，尤其是惠文后，她跟秦惠文王向来恩爱有加，却因芈月的出现而遭受冷落，自然是对芈月恨之入骨了。

谁知芈月又怀了身孕，这下可气坏了惠文后！芈月抢了她夫君的爱也就算了，还要再生一个龙子出来跟她的爱子争储位，她怎么可以让芈月顺顺利利、平平安安地生下龙裔呢？

所以，芈月身怀六甲的那十个月，真的是胆战心惊，每一天都像是踩钢丝似的，生怕一个不留心便造成了不可挽回的伤痛或遗憾。

芈月的性格本来就很刚烈，你越是不想让她做成的事，她越是要做成。

不就是熬过280天吗？芈月对自己说，把每一天都当成昨天来过，只要熬过了昨天，还怕今天不会来吗？今天来了，明天还会远吗？

正是在这样坚忍不拔的心态的支撑下，芈月躲过了惠文后发来的一次又一次冷箭，将肚子里的小生命成功带到了这个世界上，这才有了今后的秦昭襄王。

别以为孩子顺利出生了，就不会再有性命之忧了。芈月与嬴稷即将从燕国回秦争王位时又遭遇到了一次生命危机，主谋依然是惠文后。

惠文后在芈月跟嬴稷回秦的路上布满了杀手，一副务必要将他们娘俩杀死在途中的架势。

芈月自然也不是省油的灯，在燕国为质那么苦的日子她都熬过来了，还怕这群黑衣杀手吗？

芈月在芈戎的保护之下，一路厮杀冲关，最后毫发无损地回到秦国，将阻碍嬴稷登基为王的势力全部肃清，成就了她的一代传奇太后之精彩故事。

只要熬得过昨天，今天的太阳、明天的曙光便会到来，你一定要相信……

芈月的故事

收服能臣，维护皇权创造自我

随着齐国日渐强大起来，其他各国也不甘示弱，纷纷进行变法，当时的秦国虽说还算得上是富强，但是花无百日红，一旦其他各国跟齐国一样强大，那么秦国的强国之位便岌岌可危了。如若那些跟秦国有过过节的诸侯国又联合起来伐秦的话，面对如此强大的外部联合势力，秦国恐怕难以招架。

从一个普普通通的秦王妃一步一步地熬到登上秦国王太后宝座的芈月，深知这一切来得都太不容易了，故时刻提醒自己切不可掉以轻心，务必要想办法让秦国变得更加强大。

芈月首先要提高自己，把自己变强大，故不断地加强和注重自我军政才能的提高，并且广纳良言，善于倾听大臣们的意见或建议。

有大臣进言，强秦必先要强军，即提拔一些骁勇善战的将士。魏冉接过此话题，举荐善于用兵的白起。

白起是楚白公胜之后，芈姓，白氏，名起，算是芈月的弟弟。可是芈月此人任人并不唯亲，凡是能成大器者，不管是不是她芈氏家族之人，她都一样重用。有的即使是芈氏一族的，但无实力、无战斗力，她也不会任用。

芈月尽管对白起不是很了解，但是对于他在前线如何奋勇杀敌、如何气势如虹还是有所耳闻的，但是是不是真如将士们所说的那样，白起确是一个难得的将才呢？芈月还是有些担忧，对他算是有所保留。故在公元前294年，她任命白起为左庶长指挥新城之战，以此来考验他的实力。

白起并未让举荐他的魏冉失望，首战告捷，充分展示了自己的军事才华，这让芈月十分满意，从此便对他信任有加，很多大战役都交由他统率，后来还封他为国尉，掌管着秦国的军政大权。

接下来的40余年时间，秦国正式进入白起的征战时代，他挂帅的战役不曾败过，把六国打得无人敢挂帅迎战，于是，他成为了战国时期赫赫有名的“战神”。白起与廉颇、李牧、王翦并称为战国时期的四大名将，且位列之首，为秦国的统一大业立下了不世之功。

不过白起此人有些傲气，当得知芈月一开始任用自己为左庶长时，尚未信任自己，故为了证明自己的实力，不惜一切代价取得战役的胜利。当芈月终于被他出色的军事才能所折服时，他却对芈月表现出一副倨傲的态度，摆出一副“不可小看我”的架势。

芈月当然明白白起的那点小心思了，故设宴款待白起，对白起大抒心中感怀。她对白起说，秦国的江山要稳固和发展，必然要靠像他这样的能人将士，她之前之所以还不敢完全信任他，并不是因为觉得白起不善战，而是担心自己一介女流驾驭不了如此有才干之人。芈月的话，让白起听得心里十分舒爽，故从此以后对芈月毕恭毕敬，誓死为她、为秦国效犬马之力。

芈月就是这样，通过自我提升、起用能臣以及收服能臣重塑自我，巩固自我的军政大权，为秦国谋求新发展，为自己的统一大业打基础。

芈月生存智慧：创造自我，才能成就美好的未来

每个人的存在，都有其固有的价值，只是有的人不会开发利用，有的人却会开发利用、会创造，会将自己天生的优越条件和后天的勤奋努力紧密地结合在一起，最后碰撞出成功的火花。

每个人的成功点，也都会不一样，别人的成功你不可以复制，你的成功别人也未必可以拷贝，因为每个人的出生背景、性格发展或是情商、智商、生存环境都有可能影响到成功的际遇，不过有一点我们却不可以否认，那就是每一个成功人士的身上都会有一个很大的共通点——创造自己。他们会利用一切可以利用的资源，采用一切可以采用的手段，使自己成为强者中的强者。

每个人都想自己的人生过得非同一般，都想自己此生能够跟失败绝缘，能够跟成功结缘，那么就务必要学会努力去创造。

创造自己，才能成就精彩的人生。

创造自己，才能成就美好的未来。

创造自己，才能使自己成长为一颗既闪亮又耀眼的“明星”。

活出芈月的风采：杨澜，全球最具影响力的100位女性之一

2013年5月，杨澜在纽约佩利媒体中心被授予女性“开拓者”荣誉，成为首位MAKERS项目“开拓者”奖项的非美国本土

获奖者，同时，还被福布斯评为全球最具影响力的100位女性之一。

20多年前，刚刚大学毕业的杨澜，以落落大方的气质和聪颖机智的形象迅速征服了荧屏前的观众朋友，成为了中央电视台的一名著名主持人。

1990～1994年，杨澜任中央电视台《正大综艺》节目主持人。在1994年刚获得中国第一届主持人“金话筒奖”之后，选择离开央视到美国哥伦比亚大学国际及公共事务学院深造。

有媒体采访杨澜时问她：在《正大综艺》节目里做得风生水起时，突然就去国外深造了，这意味着要放弃自己目前已经取得的成就，当时的心态是怎样的？为什么会作出这样的决定呢？有没有犹豫过？

杨澜坦言，她确实犹豫过，不过不是犹豫要不要放弃现有的成就，而是犹豫不知道自己出去之后将会面对一个什么样的状况，毕竟当时中国和西方的生活方式及发展水平具有一定的差距。不过犹豫归犹豫，杨澜还是很勇敢地迈开了这改变人生的一大步。

杨澜是个好奇心很重的人，也是一个十分有尝试精神的人，她并不安于待在一个舒适安全的环境里墨守成规，这促使她一次又一次大胆地去适应新的陌生的环境。

有人以为，她在获得了国际事务硕士学位回国之后会回到央视，继续她离开之前的主持事业，然而，她却再一次选择了新的挑战、新的尝试，加盟了香港凤凰卫视，开创了我国第一个高端访谈节目《杨澜访谈录》，访问了全球700余位大人物，在全球华语观众中赢得了较高的口碑。

之后，她离开凤凰卫视中文台，担任阳光文化影视公司董事局主席。同年，她还和丈夫一起创办了“阳光媒体集团”，然后又紧锣密鼓地创建了第一个以历史文化为主题的被《福布斯》杂志评选为全球最佳小型企业的卫星频道——阳光卫视。

杨澜从一个单纯的节目主持人，变成了一个媒体人、企业家，多年来始终活跃在媒体的第一线，用自己最大的热情为世界贡献自己的力量，广受好评，摘取了“亚洲二十位社会与文化领袖”“全国三八红旗手”“联合国儿童基金会中国大使”等多项荣誉。

不过，杨澜的创业之路并不是一帆风顺的，她开创的阳光卫视也有过艰难的时期。

有记者问她，在阳光卫视最困难的时候是怎么熬过来的？杨澜说，是“坚持”。

她能够从一个默默无闻的大学生做到一个家喻户晓的主持人，能够从一个访谈节目做到一个卫星频道，从一个媒体人做到一个企业家，除了坚持，还有“熬”。

昨天的辛苦她熬过来了，今天的困难她也顶过去了，那么明天的未知困境，还能难得了她吗？

杨澜就是在这种坚持和“煎熬”中，把阳光卫视带出了阴霾，带到了阳光之下。在阳光卫视的带动之下，中央电视台的科教频道、一些地方电视台的纪录片频道都慢慢地发展起来了。现在，她的公司经营得非常好，不断有好的媒体作品问世。

有人是这么评价杨澜的：她是一位优秀女性的典范，她美丽、智慧、优雅、知性，她展现给公众的是一个多角度的形象。不管别人如何评价自己，她都不介意，她最介意的是，自己是不是一个事业成功的女性，是不是一个幸福的女人。

2013 年 1 月 11 日，杨澜出版的新书《幸福要回答》告诉大家，她确实是一个幸福爆棚的、事业成功的新时代女性。

3

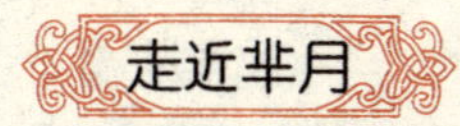

摒弃自己的阴暗面，看到自己的光明面

每个人的心里面都隐藏着两面性，一面是光明，一面是阴暗。这就是为什么历史上的很多君王，都是踩着无数人的尸体登上权力的高峰的。

芈月亦是如此。她登上秦国王太后的宝座，手上也沾满了鲜血，脚下也躺着无数人的尸体。常言道："胜者为王，败者为寇。"不管你用什么手段，只要登上了你想要的宝座，你就是胜利者，你就是统治者。作为一个胜利者，自然就会有胜利者的傲慢气势和霸气姿态了。

芈月，原本只是一个单纯的公主，一个淳朴的采茶女，但是在秦后宫，她的淳朴并不能带给她安逸平静的生活，反而使她到处树敌，有时还甚至威胁到她和肚中孩儿的生命。在那样的情境下，她还能保持她那颗简单纯真的心在秦宫里生活吗？

这时，她心底的阴暗面就显现了。她不仅收服群臣，肃清障碍，力推自己的亲儿嬴稷登基为王，还为除后患，亲自端了一杯毒酒赐给惠文后，让她到阴曹地府去跟秦惠文王和秦武王团聚。

这还不止，她主政初期，不管是谁对她提出质疑的声音，她都会铭记于心，然后伺机报复，其中有很多能臣、忠臣都被她调离或是贬走。当然，他们恨她，但却从不表现在脸上，表面上对她还是阳奉阴违的。

芈月是个绝顶聪明之人，她从那些大臣们的细小动作中看出了端倪。她问魏冉，是不是朝臣们对她有意见，魏冉如实回答。芈月听罢微微点了点头，心中自有盘算。

之后，芈月认真地反省自己的所作所为，在非常时期她采取非常手段夺权，那是无奈之举，可如今权力已在手，她还用非常手段来对付朝臣的话，势必会引来反效果。

于是，芈月摈弃了自己心底的阴暗面，让自己内心里的光明面重见。她任人唯贤，悉心听取众大臣的谏言，如此一来，朝中大臣对她慢慢有所改观，不再对她有所“微言”了。她在秦国民众心中的地位慢慢提高了，这使得她能够对秦国进行长达约40年的统治。

芈月的故事

善听逆耳言，终得能臣之拥护和爱戴

除了魏冉、芈戎和向寿三个亲信之外，还有一个人说的话，芈月也十分在意。此人便是楚国的春申君黄歇。

不仅仅是因为黄歇是她的旧相识，最重要的是因为黄歇对天下时局了若指掌，他有胆有识有气魄，文笔也很老辣，芈月十分欣赏他，甚至一度想要收他为秦国所用。不过很可惜，黄歇只对楚国忠心，并未接受芈月的好意。

不过黄歇陪着楚国太子到秦国为质很多年，这些年，芈月跟他经常见面，两人之间绝大多数都是在聊战国时局，聊治国方略，芈月从黄歇那里学到了不少治国要领。黄歇说的话，对她是有几分影响的。

黄歇一直钟情芈月，有着一副傲骨的他，在芈月做了秦国的王太后之后，尽管不愿为她所用，但还是十分关注她的治国态度和治国方略，有时还会对她的一些做法提出自己的看法，有褒有贬，有赞扬也有批评。

一日，芈月在花园中遇到黄歇，当时她正在琢磨着到底要怎么做才能抹去朝中大臣对她的记恨。黄歇见她一脸的惆怅，便问她何事如此忧心。芈月如实相告说，因为之前为保秦昭襄王的王位能够坐稳，她用了一些手段对付那些极力反对秦昭襄王登基的大臣，故引来各种恶言，有的甚至说她“祸国殃民”。此外，为了维护自己跟秦昭襄王的权力，她把自己的亲信放到了重要的军职上，这也引来了不少反对的声音。

黄歇听罢之后说：“说到魏冉、芈戎将军，我楚国的春申君也不得不多嘴一句，太后将自己的亲信安放在如此重要的军职上，朝臣不满那是必然的事，不过这还不算什么，日后若秦昭襄王介意起来，那才是大麻烦啊！毕竟，这秦国的江山是秦昭襄王的，太后是只不过是辅佐他主政而已。”

黄歇的话说到了芈月的心坎里。

于是她问黄歇：“以春申君之意，我芈氏家族的人就不能任军政要职了？放眼望去，目前我秦国上下，恐怕还未有如魏冉和芈戎这般骁勇的将士。”

黄歇笑了笑说：“太后，一碗水须端平啊！”

芈月明白黄歇的意思，他是提醒自己，在重用自己亲信的同时，也重用一些确实有才干的臣子。芈月照做了，堵住了那些对芈月有意见的王公大臣的嘴，得到了众多能臣的拥护和爱戴。

虚心听取别人的意见，认真反省自己的所作所为，发现错误及时改正，这是芈月成其大业的有力保障之一。

芈月生存智慧：正视批评，理性地对待别人的批评

世上并无完美之人，每个人身上或多或少都会有一些缺点，

所以，每个人难免都会受到别人的批评。

批评其实并不可怕，可怕的是你接受不了别人的批评，即使有时明明知道别人对自己的批评是为了自己好，也无法接受。

很多时候，批评并不是不好之言，相反，我们可以把批评当成一种“精神鼓励”，鼓励自己勇敢地去面对自己的错误和缺点；也可以把批评当成一种“精神督导”，督导自己尽快改正自己的缺点，下一次遇到同样的事情，别再犯同样的错误，以至于遭受同样的损失。

人，务必要学会正视批评，学会理性地看待别人对自己的批评，因为那是一种成熟和自信的表现，是一种对自己负责任的态度。

俗话说得好，“忠言逆耳利于行”。刺耳的话，我们要学会冷静地去听，奉承的话要学会警惕地去听，反对的话要学会分析着去听，批评的话更要学会虚心去听。如此一来，你的人生之路才不会越走越窄，成功也不会离你太远。

活出芈月的风采：伊莎贝拉一世，一心为国为民的西班牙女王

伊莎贝拉一世，西班牙历史上对后世影响极为深远的一位女王。她把自己当作国民公仆，把改革国政和改善国民生活当作自己的天职，耗尽毕生的心力为西班牙的统一而战，硬是将西班牙这个三流国家变成了欧洲强国。

1451 年，伊莎贝拉出生于卡斯提尔王国牧歌镇，从小便受到严格的宗教训练，是一个非常虔诚的天主教教徒。当时的西班牙四分五裂，主要分为卡斯提尔、阿拉贡、格拉纳达、纳瓦尔等几个王国，她同父异母的长兄恩里克四世是卡斯提尔国王，她是卡斯提尔王位的候选人。因为身份尊贵，人也长得十分漂亮，故此许多国家的王子都向她抛去了橄榄枝，恩里克四世希望她嫁给葡萄牙国王，但年满18岁的她却执意嫁给了亚拉冈王位的继承人裴迪南。

恩里克四世对此十分愤怒，剥夺了她的王位继承权而指定自己的女儿胡安娜为继承人。伊莎贝拉对此极为不满，她哪里甘心被胡安娜压制一世，故用了很长一段时间花费了很大的精力为自己储备武装力量。1474年，恩里克去世，伊莎贝拉抓住这个“良机”，即刻宣布自己将登上卡斯提尔王位。这自然遭到了胡安娜及其支持者的强烈反对，为此，卡斯提尔爆发了一场残酷的内战。

因为伊莎贝拉早有准备，蓄势待发，胡安娜根本就不是她的对手。1479年2月，伊莎贝拉的武装力量取得了全面胜利，她终于顺利且安稳地当上了卡斯提尔的女王。同年，她的丈夫裴迪南继承了王位，成为阿拉贡国王。自那以后，伊莎贝拉和丈夫裴迪南共同统治着西班牙的大片江山和领土。

伊莎贝拉一直以来都有个愿望，那就是创建一个统一的强大的君主政体统治下的西班牙王国。所以，即使阿拉贡和卡斯提尔这两个王国是各自独立的，两国的绝大多数行政机构也都各自独立，伊莎贝拉和裴迪南原本也是可以各自执政、各管各的国家的，但两人在位的二十余年时间里，两国的所有决策几乎都是他们夫妻二人共同商量的结果。

一方面是因为只有这样，阿拉贡和卡斯提尔这两个国家才能够联合起来，共同去征服格拉纳达王国、纳瓦尔王国而最终统一西班牙。1481年，伊莎贝拉和斐迪南举两国之力征战格拉纳达王国，经过十几年的奋勇抗争，终于于 1492 年 2 月取得了彻底的胜利，为西班牙的统一打下了坚实的基础。

另一方面是因为伊莎贝拉此人本来就是一个能够虚心听取他人意见，善于反思自己的行为决策之人。她的丈夫裴迪南才华横溢，聪明机智，她不仅爱慕他、敬佩他，更对他信任有加，她相信有他从旁提点，她必然能够更好地为卡斯提尔国民谋福利造福祉。

伊莎贝拉是一个敢为人先、永争第一的强势女子。最典型的表现在于她敢于对当时遭到多人非议的哥伦布西航计划承担风险，甚至不惜典当自己的珠宝来资助哥伦布完成此次航行。若没有她的竭力支持，哥伦布发现新大陆这个推动人类历史进步的大事件可能会化为泡影。当然，伊莎贝拉在哥伦布的这次探险之中也获得了极为可观的收益，那便是使南美和中美大部分地区都成为了西班牙的殖民地。

尽管伊莎贝拉和斐迪南在其统治初期创建了西班牙宗教法庭，该法庭因刑罚手段凶暴残忍及审理程序粗糙不平而口碑不好，但她能够利用宗教法庭这个“武器”来镇压公然反抗的封建主，从而建立了一个中央集权的专制君主国家，把西班牙引向了一个宗教正统的方向，这对西班牙整个历史的发展产生了非常深远的影响。

伊莎贝拉，不愧为西班牙杰出的女王，她虚心听取他人意见和建议的谦恭态度，敢为人先、勇于创新的开拓精神，均值得我们学习……

芈月

莒姬

《史记·周本纪》

四十五年，周君之秦客谓周冣曰："公不若誉秦王之孝，因以应为太后养地，(《集解》徐广曰："《地理志》云应，今颍川父城县应乡是也。"《索隐》《战国策》作"原"。原，周地。太后，秦昭王母宣太后芈氏也。《正义》《括地志》云："故应城，殷时应国，在父城。"按：应城此时属周。太后，秦昭王母宣太后芈氏。)秦王必喜，是公有秦交。交善，周君必以为公功。交恶，劝周君入秦者必有罪矣。"秦攻周，而周冣谓秦王曰："为王计者不攻周。攻周，实不足以利，声畏天下。天下以声畏秦，必东合于齐。兵弊于周，合天下于齐，则秦不王矣。天下欲弊秦，劝王攻周。秦与天下弊，则令不行矣。"

《史记·秦本纪》

武王元年，与魏惠王会临晋。诛蜀相壮。张仪、魏章皆东出之魏。伐义渠、丹、犁。二年,初置丞相,樗里疾、甘茂为左右丞相。张仪死于魏。三年,与韩襄王会临晋外。南公揭卒,樗里疾相韩。武王谓甘茂曰:"寡人欲容车通三川,窥周室,死不恨矣。"其秋,使甘茂、庶长封伐宜阳。四年,拔宜阳,斩首六万。涉河,城武遂。魏太子来朝。武王有力好戏,力士任鄙、乌获、孟说皆至大官。王与孟说举鼎,绝膑。(《正义》膑音频忍反。绝,断也。膑,胫骨也。)八月,武王死。族孟说。武王取魏女为后,无子。立异母弟,是为昭襄王。(《索隐》名则,一名稷。)昭襄母楚人,姓芈氏,号宣太后。武王死时,昭襄王为质于燕,燕人送归,得立。

昭襄王元年,严君疾为相。甘茂出之魏。二年,彗星见。庶长壮与大臣、诸侯、公子为逆,皆诛,及惠文后皆不得良死。(《集解》徐广曰:"迎妇于楚者。")悼武王后出归魏。三年,王冠。与楚王会黄棘,与楚上庸。四年,取蒲阪。彗星见。五年,魏王来朝应亭,复与魏蒲阪。六年,蜀侯辉反,司马错定蜀。庶长奂伐楚,斩首二万。泾阳君质于齐。日食,昼晦。七年,拔新城。樗里子卒。八年,使将军芈戎攻楚,取新市。齐使章子,魏使公孙喜,韩使暴鸢共攻楚方城,取唐眛。赵破中山,其君亡,竟死齐。魏公子劲、韩公子长为诸侯。九年,孟尝君薛文来相秦。奂攻楚,取八城,杀其将景快。十年,楚怀王入朝秦,秦留之。薛文以金受免。楼缓为丞相。十一年,齐、韩、魏、赵、宋、中山五国共攻秦,至盐氏而还。秦与韩、魏河北及封陵以和。彗星见。楚怀王走之赵,赵不受,还之秦,即死,归葬。十二年,楼缓免,穰侯魏冉为相,予楚粟五万石。

十三年,向寿伐韩,取武始。左更白起攻新城。(《正义》《白起传》云:"白起为左庶长,将而击韩之新城。")五大夫礼出亡奔魏。任鄙为汉中守。十四年,左更白起攻韩、魏于伊阙,斩首二十四万,虏公孙喜,拔五城。十五年,大良造白起攻魏,取垣,复予之。攻楚,取宛。十六年,左更错取轵及邓。冉免。封公子市宛,公子悝邓,(《索隐》悝号高陵君,初封于彭,昭襄王弟也。)魏冉陶,为诸侯。十七年,城阳君入朝，及东周君来朝。秦以垣为蒲阪、皮氏。王之宜阳。十八年，错攻垣、河雍，决桥取之。十九年，王为西帝，齐为东帝，皆复去之。吕礼来自归。齐破宋，宋王在魏，死温。任鄙卒。二十年，王之汉中，又之上郡、北河。二十一年，错攻魏河内。魏献安邑，秦出其人，募徙河东赐爵，赦罪人迁之。泾阳君封宛。二十二年，蒙武伐齐。河东为九县。与楚王会宛。与赵王会中阳。二十三年，尉斯离与三晋、燕伐齐，破之济西。王与魏王会宜阳，与韩王会新城。二十四年，与楚王会鄢，又会穰。秦取魏安城，至大梁，燕、赵救之，秦军去。魏冉免相。二十五年，拔赵二城。与韩王会新城，与魏王会新明邑。二十六年，赦罪人迁之穰。侯冉复相。二十七年，错攻楚。赦罪人迁之南阳。白起攻赵，取代光狼城。又使司马错发陇西，因蜀攻楚黔中，拔之。二十八年，大良造白起攻楚，取鄢、邓，赦罪人迁之。二十九年，大良造白起攻楚，取郢为南郡，楚王走。周君来。王与楚王会襄陵。白起为武安君。(《正义》言能抚养军士，战必克，得百姓安集，故号武安。故城在洛州武安县西南五十里。七国时赵邑，即赵奢救阏与处也。)三十年，蜀守若伐楚，取巫郡，及江南为黔中郡。三十一年，白起伐魏，取两城。……四十二年，安国君为太子。十月，宣太后薨，(《集解》徐广曰："芈氏。")葬芷阳郦山。九月，穰侯出之陶。四十三年，武安君白起攻韩，拔九城，斩首五万。四十四年，攻韩南阳，取之。四十五年，五大夫贲攻韩，取十城。叶阳君悝出之国，未至而死。四十七年，秦攻韩上党，上党降赵，秦因攻赵，赵发兵击秦，相距。秦使武安君白起击，大破赵于长平，四十余万尽杀之。四十八年十月，韩献垣雍。秦军分为三军。武安君归。王龁将伐赵武安、皮牢，拔之。司马梗北定太原，尽有韩上党。正月，兵罢，复守上党。其十月，五大夫陵攻赵邯郸。四十九年正月，益发卒佐陵。陵战不善，免，王龁代将。其十月，将军张唐攻魏，为蔡尉捐弗守，还斩之。五十年十月，武安君白起有罪，为士伍，迁阴密。张唐攻郑，拔之。十二月，益发卒军汾城旁。武安君白起有罪，死。

《史记·韩世家》

苏代又谓秦太后弟芈戎(《集解》徐广曰:“号新城君。”《索隐》芈,姓;戎,名。秦宣太后弟,号新城君。)曰:“公叔伯婴恐秦楚之内虮虱也,公何不为韩求质子于楚?楚王听入质子于韩,则公叔伯婴知秦楚之不以虮虱为事,必以韩合于秦楚。秦楚挟韩以窘魏,魏氏不敢合于齐,是齐孤也。公又为秦求质子于楚,(《索隐》令芈戎教秦,于楚索韩所送质子,令入之于秦也。)楚不听,怨结于韩。韩挟齐魏以围楚,楚必重公。(《正义》言韩合齐魏以围楚,楚必尊重芈戎以求秦救矣。)公挟秦楚之重以积德于韩,公叔伯婴必以国待公。”于是虮虱竟不得归韩。韩立咎为太子。齐、魏王来。

《史记·樗里子甘茂列传》

武王竟至周,而卒于周。其弟立,为昭王。(《索隐》按:《赵系家》昭王名稷。《系本》云名侧也。)王母宣太后,楚女也。楚怀王怨前秦败楚于丹阳而韩不救,乃以兵围韩雍氏。韩使公仲侈告急于秦。秦昭王新立,太后楚人,不肯救。公仲因甘茂,茂为韩言于秦昭王曰:“公仲方有得秦救,故敢扞楚也。今雍氏围,秦师不下殽,公仲且仰首而不朝,公叔且以国南合于楚。楚、韩为一,魏氏不敢不听,然则伐秦之形成矣。不识坐而待伐孰与伐人之利?”秦王曰:“善。”乃下师于殽以救韩。楚兵去。

秦使向寿平宜阳,而使樗里子、甘茂伐魏皮氏。向寿者,宣太后外族也,而与昭王少相长,故任用。向寿如楚,楚闻秦之贵向寿,而厚事向寿。向寿为秦守宜阳,将以伐韩。韩公仲使苏代谓向寿曰:“禽困覆车。公破韩,辱公仲,公仲收国复事秦,自以为必可以封。今公与楚解口地,封小令尹以杜阳。秦楚合,复攻韩,韩必亡。韩亡,公仲且躬率其私徒以阏于秦。愿公孰虑之也。”向寿曰:“吾合秦楚非以当韩也,子为寿谒之公仲,曰秦韩之交可合也。”苏代对曰:“愿有谒于公。人曰贵其所以贵者贵。王之爱习公也,不如公孙奭;其智能公也,不如甘茂。今二人者皆不得亲于秦事,而公独与王主断于国者何?彼有以失之也。公孙奭党于韩,而甘茂党于魏,故王不信也。今秦楚争强而公党于楚,是与公孙奭、甘茂同道也,公何以异之?人皆言楚之善变也,而公必亡之,是自为责也。公不如与王谋其变也,善韩以备楚,如此则无患矣。韩氏必先以国从公孙奭而后委国于甘茂。韩,公之仇也。今公言善韩以备楚,是外举不僻仇也。”向寿曰:“然,吾甚欲韩合。”对曰:“甘茂许公仲以武遂,反宜阳之民,今公徒收之,甚难。”向寿曰:“然则奈何?武遂终不可得也?”对曰:“公奚不以秦为韩求颍川于楚?此韩之寄地也。公求而得之,是令行于楚而以其地德韩也。公求而不得,是韩楚之怨不解而交走秦也。秦楚争强,而公徐过楚以收韩,此利于秦。”向寿曰:“奈何?”对曰:“此善事也。甘茂欲以魏取齐,公孙奭欲以韩取齐。今公取宜阳以为功,收楚韩以安之,而诛齐魏之罪,是以公孙奭、甘茂无事也。”

《史记·穰侯列传》

穰侯魏冉者,秦昭王母宣太后弟也。(《索隐》宣太后之异父长弟也,姓魏,名冉,封之穰。《地理志》穰县在南阳。宣太后者,惠王之妃,姓芈氏,曰芈八子者是也。)其先楚人,姓芈氏。(《正义》芈,亡尔反。)

秦武王卒,无子,立其弟为昭王。昭王母故号为芈八子,及昭王即位,芈八子号为宣太后。宣太后非武王母。武王母号曰惠文后，先武王死。（《索隐》《秦本纪》云："昭王二年，庶长壮与大臣公子为逆，皆诛，及惠文后皆不得良死。"又按：《纪年》云"秦内乱，杀其太后及公子雍、公子壮"是也。）宣太后二弟：其异父长弟曰穰侯，姓魏氏，名冉。同父弟曰芈戎，为华阳君。（《索隐》华阳，韩地，后属秦。芈戎后又号新城君。）而昭王同母弟曰高陵君、（《索隐》名显。）泾阳君。（《索隐》名悝。）而魏冉最贤，自惠王、武王时任职用事。武王卒，诸弟争立，唯魏冉力为能立昭王。昭王即位，以冉为将军，卫咸阳。诛季君之乱，（《集解》徐广曰："年表曰季君为乱，诛。本纪曰庶长壮与大臣公子谋反，伏诛。"《索隐》按：季君即公子壮，僭立而号曰季君。穰侯力能立昭王，为将军，卫咸阳，诛季君及惠文后，故本纪言"伏诛"。又云"及惠文后皆不得良死"，盖谓惠文后时党公子壮，欲立之，及壮诛而太后忧死，故云"不得良死"，亦史讳之也。又逐武王后出之魏，亦事势然也。）而逐武王后出之魏，昭王诸兄弟不善者皆灭之，威振秦国。昭王少，宣太后自治，任魏冉为政。

昭王三十六年，相国穰侯言客卿灶，欲伐齐取刚、寿，以广其陶邑。于是魏人范雎自谓张禄先生，讥穰侯之伐齐，乃越三晋以攻齐也，以此时奸说秦昭王。昭王于是用范雎。范雎言宣太后专制，穰侯擅权于诸侯，泾阳君、高陵君之属太侈，富于王室。于是秦昭王悟，乃免相国，令泾阳之属皆出关，就封邑。穰侯出关，辎车千乘有余。

《史记·范雎蔡泽列传》

穰侯，华阳君，（《集解》徐广曰："华，一作'叶'。"《索隐》穰侯谓魏冉，宣太后之异父弟。穰，县，在南阳。华阳君，芈戎，宣太后之同父弟，亦号为新城君是也。）昭王母宣太后之弟也；而泾阳君、高陵君皆昭王同母弟也。穰侯相，三人者更将，有封邑，以太后故，私家富重于王室。及穰侯为秦将，且欲越韩、魏而伐齐纲寿，欲以广其陶封。

《史记·匈奴列传》

自是之后百有余年,晋悼公使魏绛和戎翟,戎翟朝晋。后百有余年,赵襄子逾句注而破并代以临胡貉。其后既与韩魏共灭智伯,分晋地而有之,则赵有代、句注之北,魏有河西、上郡,以与戎界边。其后义渠之戎筑城郭以自守,而秦稍蚕食,至于惠王,遂拔义渠二十五城。惠王击魏,魏尽入西河及上郡于秦。秦昭王时,义渠戎王与宣太后(《集解》昭王母也。《索隐》服虔云"昭王之母"也。)乱,有二子。宣太后诈而杀义渠戎王于甘泉,遂起兵伐残义渠。于是秦有陇西、北地、上郡,筑长城以拒胡。

《汉书·匈奴传上》

自是之后百有余年,晋悼公使魏绛和戎翟,戎翟朝晋。后百有余年,赵襄子踰句注而破之,并代以临胡貉。后与韩魏共灭知伯,分晋地而有之,则赵有代、句注以北,而魏有西河、上郡,以与戎界边。其后,义渠之戎筑城郭以自守,而秦稍蚕食之,至于惠王,遂拔义渠二十五城。惠王伐魏,魏尽入西河及上郡于秦。秦昭王时,义渠戎王与宣太后乱,有二子。(师古曰:"即昭王母也。")宣太后诈而杀义渠戎王于甘泉,遂起兵伐灭义渠。于是秦有陇西、北地、上郡,筑长城以距胡。

《后汉书·皇后纪上》

自古虽主幼时艰,王家多衅,必委成冢宰,简求忠贤,未有专任妇人,断割重器。唯秦芈太后始摄政事,故穰侯权重于昭王,家富于嬴国。（太后，昭王母也，号宣太后。《史记》曰，昭王立，年少，宣太后自知事，以同母弟魏冉为将军，任政，封为穰侯。太后摄政，始于此也。）

《后汉书·西羌传》

至周贞王八年，秦厉公灭大荔，取其地。赵亦灭代戎，即北戎也。韩、魏复共稍并伊、洛、阴戎，灭之。其遗脱者皆逃走，西逾汧、陇。自是中国无戎寇，唯余义渠种焉。至贞王二十五年，秦伐义渠，虏其王。后十四年，义渠侵秦至渭阴。后百许年，义渠败秦师于洛。后四年，义渠国乱，秦惠王遣庶长操将兵定之，义渠遂臣于秦。后八年，秦伐义渠，取郁郅。后二年，义渠败秦师于李伯。明年，秦伐义渠，取徒泾二十五城。及昭王立，义渠王朝秦，遂与昭王母宣太后通，生二子。至王赧四十三年，宣太后诱杀义渠王于甘泉宫，因起兵灭之，始置陇西、北地、上郡焉。

楚威王

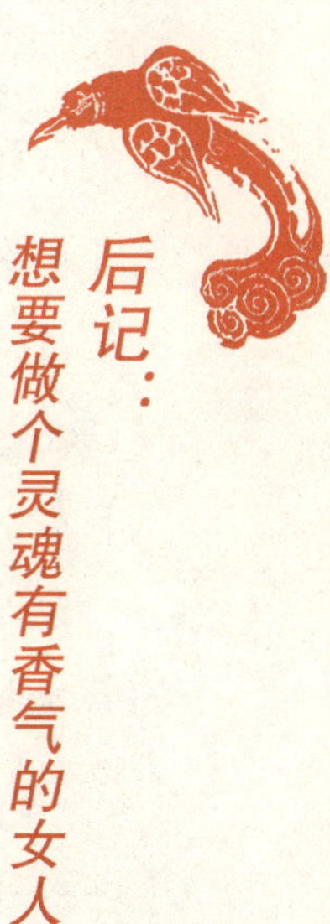

后记：想要做个灵魂有香气的女人

一直都想，做一个灵魂有香气的女人。

有人跟我说，女人要有书卷气，灵魂才会有香气。所以，我遍阅各种各样的书籍，大部分业余时间都徜徉于书海之中。

也有人跟我说，女人要优雅柔美，灵魂才会有香气。所以，我去学琴学画学棋，节假日的闲暇时光都是在各种学习之中度过的。

后来，我的书卷气和优雅气质吸引了一个有才华的男子，他把我带进了他的世界，跟我组建了一个幸福的小家。从此，我的世界，我的人生，就只有他和我以及我们的孩子。

为了支持他的事业，我将自己的工作时间进行了一次又一次调整，只为了多抽出一些时间照顾孩子和他，还有我们的三口小家。为了培养孩子成才，我全部的业余时间都用在陪伴孩子学习钢琴、绘画和舞蹈上。当然，我也没有停止经营我的事业，每天工作 8 小时，或编杂志，或写书。我想我是真的很忙碌，但我忙得开心，忙得快乐，忙得也还算有成就感。

朋友们都说我是个“出得了厅堂，入得了厨房”的贤妻良母，可是，我说我的目标是要做个灵魂有香气的女子呀。朋友很诧异，反问我：“你难道不觉得自己现在这个样子，就是个灵魂有香气的女子吗？”

这时，我才知道，在很多人眼里，灵魂有香气的女人，说的就是我这样的女子。有个幸福的家，有个爱自己的丈夫，有个被自己爱的孩子，还有一份稳定而又可以发光发热的事业。

不过，跟古今中外那些闻名于世的女人比起来，我这只能叫作最简单的幸福。

有人跟我说，不是每个女人都能够拥有这等简单的幸福，也不是每个女人都甘于只拥有这等简单的幸福。是这样的吗？

为了证实朋友所说的这句话的真实程度，我把脑海里收藏的关于世界闻名的女人的事迹快速地释放出来。

拥有绝世容颜的戴安娜王妃，毕生都未曾得到丈夫查尔斯王子的爱，不甘心自己的深情被如此践踏的她，放开自己的胸怀，最后还是找到了懂得珍爱自己的男人，不过可惜，红颜薄命；埃及艳后克丽奥佩特拉不甘心跟丈夫一同执政，更不甘心埃及被罗马帝国吞并，所以尽使美人计保全了一个王朝；美国第一夫人希拉里，因丈夫克林顿被指与莫尼卡-莱温斯基有染而成为几十亿人的笑柄，她虽然感到很绝望，但是却坚强地面对，勇敢地在绝望中寻找着希望，也是因为她的不甘心……

当这些闻名于世的女人的事迹像幻灯片似的在我眼前闪现时，我脑海里突然闪出了这么一个念想，写一本有关女性处世智慧的书吧。

当时，我正在阅读萧盛先生创作的《大秦宣太后芈氏传奇》一书，对称霸六国的铁血太后芈月这个历史人物甚为熟悉，恰逢红极一时的电视剧《甄嬛传》原班人马以蒋胜男的《芈月传》小说为基础，共同打造了2015年最值得期待的年度大剧《芈月传》，于是在收集和研读了一些有关芈氏的史料，对电视剧《芈月传》的剧情进行一番了解和研究之后，这本《乱世第一后芈月的处世智慧》便应时而生了。

我国历史上第一位太后——秦国宣太后芈月，在我看来，她既普通又传奇。普通的是她首先是一个妻子，丈夫的天下便是自己的天下；然后她才是一个母亲，孩子的未来便是自己的未来。传奇的是，为了丈夫，为了孩子，她耗尽了毕生的心血来支持秦国的朝政，她费尽了心思把弱秦变强，把丈夫一统天下的宏愿进行到底。

她是我学习的榜样，也是天下女子争相学习的榜样。所以，我把她设定为本书的第一女主角。我以散文的笔调来写有关她的故事，写身为女人的她是如何为人处世的，又是如何在激烈的群雄争霸之中脱颖而出的，从而挖掘出她身上所具有的值得我们学习的生存智慧。

有主角，必然就会有配角。本书的主线是芈月的故事、芈月的处世原则和处世智慧，辅线是古今中外诸多闻名于世的女人所书写的个人传奇。

综观书中的这些闻名于世的女人，她们的奋争史虽说跟芈月的抗争史不尽相同，但是她们之间还是有许许多多的共通点的，比如说内心强大、从容自信、聪明睿智、坚强独立、超越自己等，当然，最重要的还是幸福快乐。

天下间，哪个女人不想自己能够幸福快乐地过一生呢？

所以，不管她们经受了多少深重的苦难，历经了几载苦痛的春秋，最终还是冲破重重难关获得了快乐，赢得了幸福，只不过，有人的快乐来自于权势，有人的快乐来自于婚姻和家庭。

或许，有人会觉得，拥有最简单的幸福，便是最大的幸福；或许，也有人认为，拥有至高无上的权力，才是最大的幸福。我想，不管你喜欢拥有怎样的幸福，又期待获得怎样的幸福，只要幸福就好，只要你的心灵感觉到幸福就好。

名女人的崛起，自然是有迹可循的；幸福女人的崛起，当然也会有迹可循了。希望这本书能带你去找到让你崛起的那条路。

成书之时，《芈月传》尚未开播。作为一本立足于当下的智慧书，本书主要以史实和萧盛先生的书为依据，故而一些人物和情节与电视剧不尽相合，望读者不要介怀。若书中的处世智慧能对读者略有教益，于愿足矣。也希望读完本书，每个人都能找到属于自己的幸福感觉。

我想，我还是依然保持原来那个初衷就好——做个灵魂有香气的女人，做个最简单的幸福女人。

李　雪

2015 年 10 月 5 日